城市规划理论·设计读本

欧洲的能源自立

政策与实例

【日】滝川薫 编著

【日】村上敦　池田宪昭
田代 Kaoru　近江 Madoka　著

沈瑶　王倩娜　译

中国建筑工业出版社

著作权合同登记图字01-2013-8045

图书在版编目（CIP）数据

欧洲的能源自立政策与实例／（日）滝川薰等编著；沈瑶，王倩娜译．—北京：中国建筑工业出版社，2015.6
（城市规划理论·设计读本）
ISBN 978-7-112-17780-6

Ⅰ.①欧… Ⅱ.①滝… ②沈… ③王… Ⅲ.①能源发展—研究—欧洲 Ⅳ.①F450.62

中国版本图书馆CIP数据核字（2015）第033193号

Japanese title: 欧州のエネルギー自立地域
by 滝川薫　村上敦　池田憲昭　田代かおる　近江まどか
Copyright©滝川薫ほか 2012
Original Japanese edition
published by Gakugei shuppansha, Kyoto, Japan

本书由日本学艺出版社授权我社翻译、出版、发行

责任编辑：刘文昕　孙书妍
责任设计：董建平
责任校对：陈晶晶　关　健

城市规划理论·设计读本
欧洲的能源自立政策与实例
[日] 滝川薫　编著
[日] 村上敦　池田宪昭　田代Kaoru　近江Madoka　著
沈　瑶　王倩娜　译
*
中国建筑工业出版社出版、发行（北京西郊百万庄）
各地新华书店、建筑书店经销
北京锋尚制版有限公司制版
北京君升印刷有限公司印刷
*
开本：880×1230毫米　1/32　印张：7½　字数：222千字
2015年12月第一版　2015年12月第一次印刷
定价：30.00元
ISBN 978-7-112-17780-6
（27059）

版权所有　翻印必究
如有印装质量问题，可寄本社退换
（邮政编码100037）

中译版序

"能源自立",这是一个很有吸引力的概念,一个很有发展前途的研究领域,尤其在中国当前的情况下,更是如此。

世界上的发达国家较早进入了能源危机的时代,像日本这样本来矿藏资源贫乏的国家,节约能源,减少消耗当然备受重视。加之2011年3月大海啸造成的福岛核电站事故给人们带来了巨大的心理阴影,更加深了人们对于资源能源的危机意识,所以日本尤其重视"能源自立"这一问题。

而像中国这样后起的经济大国,紧随其后也正在步入能源危机的时代。中国人口多,过去很穷,工业化和科学技术水平低,大多数产业都是在高消耗、低产能的状态下运行。在过去经济落后的年代,原材料价格低廉,高消耗还能维持。如今城镇化飞速发展,工业化速度突飞猛进,而有限的矿藏资源却越来越少,原来以低廉的价格成本维持的大工业难以为继。石油、煤炭等过去认为取之不尽、用之不竭的廉价能源不仅仅是价格不再低廉,更可怕的是,这些储藏量有限的地下宝藏正在走向枯竭。所以,中国虽是一个后起之秀的经济大国,但在能源危机的严重程度上也是后来居上。中国更需要行之有效的节能方法和手段,本书所关注的"能源自立"是一个很好的选择。日本人关注和学习欧洲的经验,中国也应该学习欧洲和日本的经验,沈瑶女士主持翻译的这本书在很大程度上填补了一个空白。今天人们正以多种途径节能,而本书所介绍的方法无疑将会是一种很好的、有效的方法和途径。

资源能源问题是未来世界一个共同的问题。怎样解决这个问题,世界各国都在为之努力。中国作为一个对世界负责任的大国,对于解决资源能源问题更是责无旁贷。

湖南大学建筑学院

柳肃 教授

2013年11月

序：从地域能源自立开始的日本再生

使用可再生能源来提供一大半本地（自治体）所消费的电力、热能和燃料，已经成为现实，住在瑞士的我第一次听到这一讯息是在2005年巴塞尔召开的生物能峰会上。奥地利居辛市（Güssing）领军人物莱因哈特（Reinhard）先生的演讲至今令人记忆犹新。居辛市以能源自立为支撑的地域发展战略，增强了该地区经济与社会发展的活力。那时德国和奥地利的农村已经出现了一些成功的案例。我访问了几个先进的案例地区，也越来越坚信地域的能源自立既是解决宏观的气候和能源问题的关键，也是地域社会未来发展的关键。

在过去两年间，地域的能源自立，或者说100%可再生能源地域的运动在德语圈地区有了飞跃性的发展，以自立为发展目标的地区数在持续增加。2009年德国召开了第一次"100%可再生能源地域"会议，以2010年3月纪录电影《第四次革命–能源自立》（Carl-A. Fechner导演，原名为Die 4.Revolution-Energy Autonomy，2011年12月在日本上映）为契机，相关的运动开始广为人知。同年秋天，我所在的瑞士伯尔尼州，可再生能源派与主张推行核能的居民、政治家、产业界人士之间，围绕老旧核能设施的重建（新建）问题，展开了激烈的攻防战，于是这部电影也开始普遍上映。作为电影主角的德国政治家赫曼·希尔（Hermann Scheer），有这样一段意味深长的话：

"能源供给要迎接民主化的到来，越来越多的人将成为能源提供者，将出现更多的个人自立、地方自立、地区自立，最终更多国家也将实现自立……我们将迎接自产业革命以来最大的经济结构变革。"

不仅是希尔所指的变革现场的居民，居住在欧洲的我们已经感受到了这股变革之风。

2010年末我们下定决心把能源自立运动的讯息传到日本。我和居住在德国的环境记者村上敦、池田宪昭、近江Madoka先生，以及居住在意大利的设计记者田代Kaoru女士组成团队，开始了单行本的策划。也就在那时，东日本大地震和福岛第一核电站事故爆发了。这场灾难给在欧洲生活的我们带来了激烈的人生冲击。之后在学艺出版社宫本裕美女士的协助下，我们几个自由撰稿人终于决定从繁忙的业务中挤出时间来，齐心创作一本书，向日本人民传达100%的能源自立是可以实现，并为能源自立尽微薄之力。

本书采取将读者引导到现场，以其为背景进行解说讨论的写作形式。第一章中我们对欧洲中部（德国、奥地利、瑞士）能源自立的定义和潮流发展进行了解说，介绍了其对地域社会的有益作用以及促进项目，然后扩展到国家层面的奋斗目标。从第二章开始陆续介绍德国、奥地利、瑞士、意大利、丹麦活用地域资源实现电力和热能自立的实例。实例选择涉及农村和城市各种不同规模及类型的地域，描绘其从规划到实现的步骤、效果及课题。同时各章的导言部分也对各国的能源情况进行了简短的总结。最后一章则针对对于地域能源自立意义重大的社会基盘建设，从制度、社会、技术层面，进行了宏观的总结。

因受到日本福岛第一核电站事故的影响，本书对能源和电力有所侧重，但电力只是能源自立的三大领域之一，热能和交通两大领域也是必不可少的。为此不仅针对电力，也对热能领域的节能及可再生能源供给问题进行了阐述，也尽可能地谈到了交通领域。

衷心希望本书能够成为引导读者思考本地区能源自立问题的一个契机，并开启为之行动的大门。

执笔者代表：滝川薰

2012年1月7日

目　录

中译版序 ·································· 柳肃　3
序：从地域能源自立开始的日本再生 ·············· 泷川薰　5

第一章　欧洲的能源自立潮流　11

1. 何谓地域的能源自立 ························ 泷川薰　12
2. 地域能源自立的优点 ························ 池田宪昭　16
3. 促进能源自立的制度 ························ 泷川薰　21
4. 从村到市、州、国的德国能源自立 ············· 村上敦　25
　　专栏1　气候同盟——服务于自治体气候政策的网络　近江 Madoka　30

第二章　德国　33

1. 德国的能源情况 ···························· 村上敦　34
2. 马尔海姆村 ································ 池田宪昭　38
   电力・热能自给自足的生物质能源村
3. 弗莱阿姆特村 ······························ 池田宪昭　47
   可再生能源事业支援农家，带活全村
4. 蒙巴赫镇 ·································· 泷川薰　57
   前美军用地"变身"可再生能源公园
5. 弗莱堡市 ·································· 村上敦　67
   由"反核能运动"开启的能源自给之路
6. 慕尼黑市 ·································· 近江 Madoka　80
   挑战100%可再生能源电力供应的首个大城市
   专栏1　达尔德斯海姆市　东西德先驱者们的交流　池田宪昭　90
   专栏2　尼德博格齐岑村　市民太阳能发电站实现的
   　　　 基本收入 ···························· 村上敦　93

专栏3　维德波德村　着眼2020年之后的未来 ……… 村上敦　97

第三章　奥地利　　　　　　　　　　　　　　　　　101

1. 奥地利的能源情况 ……………………… 滝川薫　102
2. 克查赫毛滕镇 …………………………… 滝川薫　105
   先锋企业提供可再生电力与热能
3. 居辛市与周边地区 ……………………… 滝川薫　115
   摆脱能源依赖实现脱贫
4. 福拉尔贝格州 …………………………… 滝川薫　125
   全民参与决定能源的未来

第四章　瑞士　　　　　　　　　　　　　　　　　　139

1. 瑞士的能源情况 ………………………… 滝川薫　140
2. 巴塞尔城市州 …………………………… 滝川薫　143
   将可再生能源进行广域性调配的人口密集城市
   　专栏1　厄斯特费尔德镇（Erstfeld）　由镇营能源公司实现的先
   　　　　 进地区 ……………………………… 滝川薫　157

第五章　意大利　　　　　　　　　　　　　　　　　159

1. 意大利的能源情况 ……………………… 田代 Kaoru　160
2. 博尔扎诺自治市 ………………………… 田代 Kaoru　164
   历史培育出的自治精神与能源自立

第六章　丹麦　　　　　　　　　　　　　　　　　　177

1. 丹麦的能源情况 ………………………… 田代 Kaoru　178
2. 西泰德地区 ……………………………… 田代 Kaoru　180
   能源民主的肥沃土地

第七章　能源自立的必要框架　　　　　　　　　　189

1. 推进可再生能源的动力机制 …………………… 村上敦　190
2. 地域的能源概念 ………………………………… 滝川薫　202
3. 扩展市民参与和小型投资的手法 ……………… 池田宪昭　207
4. 能源转换中不可缺少的节能对策 ……………… 池田宪昭　213
5. 新时代的社会基盘的建构 ……………………… 村上敦　220
　　专栏1　能源生产量超过消费量的正能源建筑　…… 滝川薫　231
　　专栏2　电力市场的自由化和发、送、售电
　　事业的分离 ……………………………………… 村上敦　233

结语 ……………………………………………… 池田宪昭　235
译后记 …………………………………………………… 沈瑶　238

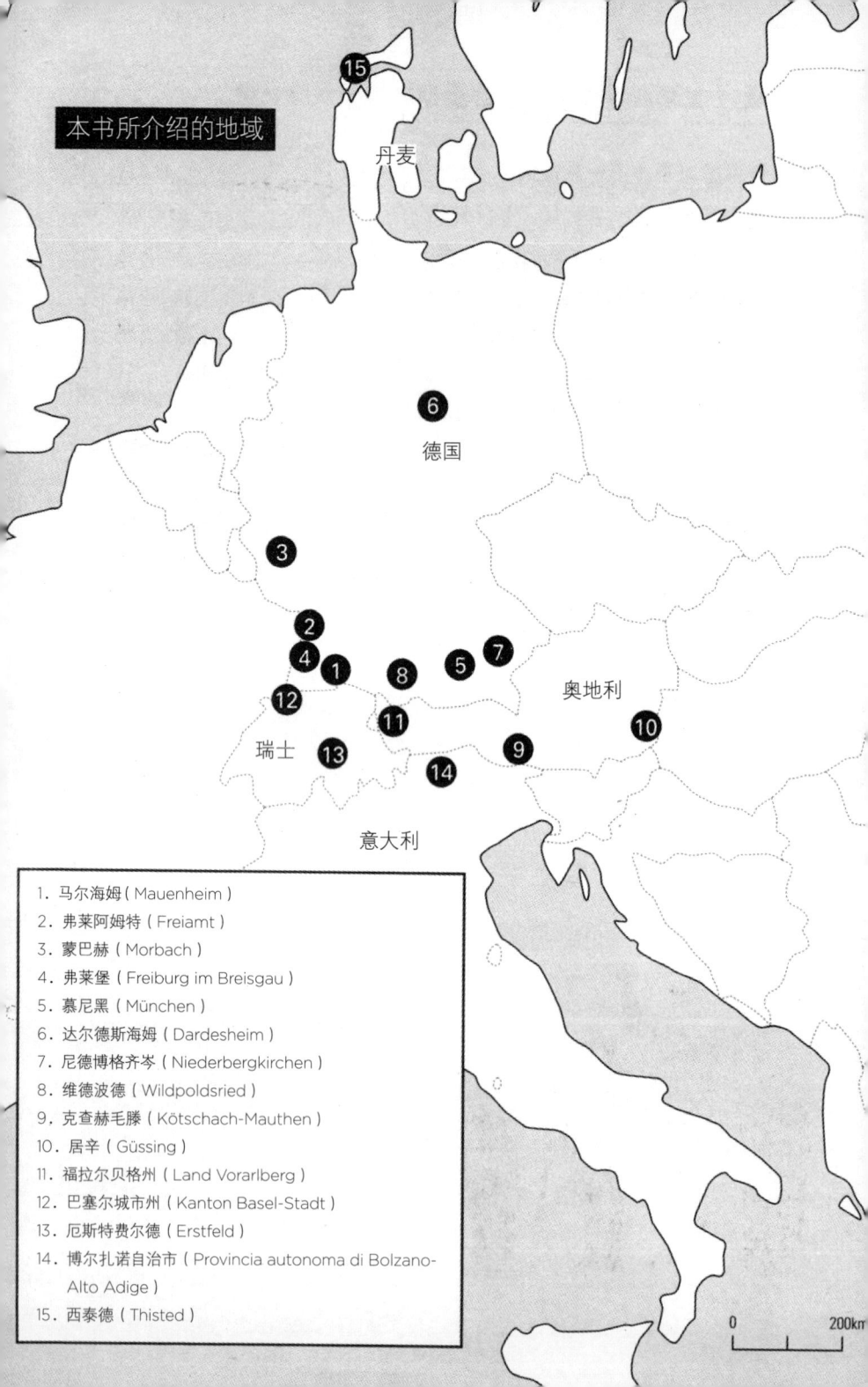

第一章　欧洲的能源自立潮流

❶ 何谓地域的能源自立

欧洲的能源自立运动

让我们100%使用地域可再生能源来给地域提供能源！以此为目标的欧洲中部能源自立运动，始于1990年代农村的一些街区和村庄，随着可再生电力固定电价收购制度的导入而逐渐被推广。奥地利居辛市的例子（参照第三章）即是典型，该地区最大的行动是进行可再生能源生产，使以电器费、暖气费和汽油费的形式从地域中流出的货币在地域内得以循环，激活本地经济的"价值创出"。此项活动至今仍在持续。

能源自立继2011年3月福岛第一核电站事故后加速发展，至今仍在持续飞跃发展。让人强烈感觉到这种改变的是2011年9月末由德国卡塞尔市环境署支持的第三次100%再生能源地域会议，汇集了800多听众的会场，洋溢着热烈而期待的气氛。过半的听众是德国自治体及村镇的行政相关人员。此外还有工程事务所、能源公司、基金会、可再生能源设备建设公司、业界团体、市民团体的成员。持续两天的会议就地域层面支援能源自立的方法和问题，从技术、社会、经济角度进行了具体讨论。会场一角汇集了100余家以100%可再生能源为目标的各地区团体的活动展板，可相互切磋交流。

2011年5月，奥地利维也纳举行了由国家气候能源基金主办的"能源自给峰会"，围绕国内的能源自给问题，已采取行动的地区进行了经验交流。参加地域能源自立自给支援项目的地区数，德国有120个，奥地利有近70个。这两个国家开展的运动也波及了邻国瑞士。8月末苏黎世的瑞士能源财团也举办了同样主题的峰会，汇集了300人参加。之后的两年瑞士也开始了由国家对能源自立进行支援的项目。

地域能源自立的定义

本书中的"地域能源自立"概念，不是一个国际化概念，也很难凝练出一个精确定义，但欧洲中部各国推进的各项目中是如下定义的：

"能源自立地域"是指1年内地域内消费的能源量，与地域内生产的可再生能源量至少要持平的地域。电力这方面，是以利用系统为前提。这种"自立"需要地域社会整体的推进，同时也会伴随有节能政策的实施。只是其作为惯常的语言被使用时，人们一般很少考虑到"节能"的意思。

"能源自立"概念的要点在于"本地生产"这一"领土原则"。但这里的"地域"概念可指自治体，也可指村、镇或村镇集合体，试情况而定。与其同义的概念还有"能源自给地域"和后文提到的"2000W社会"[1]。而"自立"或"自给"的对象则包括从家庭到产业所有领域的电力、热、交通的能源消费。实际上目前只有在电力和热能领域实现自立的地区，还并未出现在交通领域实现能源自立的地区。

还有一个常用概念是"100%可再生能源"。其有两种不同的使用情况。一种是前文"能源自立"的同义词。另一种则是基于"经济原则"，指由本地出资，即使生产设备在外地，也算作本地使用了可再生能源的情况。城市地区的市营能源公司要实现100%提供可再生电力能源时，多会部分采用这种方法作为补充。购买外地提供的电力、热、煤气等的绿色证书也属于这种"经济原则"。

此外还有"气候可再生能源型"自治体的概念。指的是温室效应气体和二氧化碳的排放量无限接近零的状态，如果只以能源为焦点的话，则以领土原则为中心，也含有经济原则（排放权交易）的利用。

这些概念的关注点和手法稍有不同，但其实现目标是一致的，即到2050年为止将二氧化碳的排放量减少80%~95%，通过地域可再生能源实现可持续能源的使用。

能源消费量减半是能源自立的前提

"能源自立地域"是社会要实现可持续能源利用的前提。因此一般在荒僻地区设置的风力发电机和大型水力发电机所自动生产出的能源超过消费能源量情况不能称之为"能源自立"或"100%可再生能源"地域。

我们至少可以将"能源自立"作为地域发展战略，社会整体采取行动的地区称为"能源自立地域"。这些概念大都作为社会发展愿景被重视，其侧面就是提高能源效率与节能。为了从景观和自然环境的角度进行可持续发展，向100%可再生能源转换，欧洲认为有必要进行"能源消费量减半"。

将节能进行明确定义的是瑞士苏黎世工科大学开发的"2000W社会"的目标，这也被定为瑞士的国家目标。具体如下：

世界人均一次能源消费量换算后为2000W。20个100W灯泡作为日常灯能源的状态下，年间消费量为1.752kWh。这包括了飞机燃料、生活、工作时使用的所有能源。

与此相对的，在瑞士生活的人的人均生活能源消费量为6500W，每年二氧化碳排出量为8.5t（包括飞行）。如果将此消费量减到世界平均水平2000W，且其中75%以上的能源由本地生产的可再生能源提供的话，就可实现可持续能源利用和防止温室效应的目标。每人每年的二氧化碳排出量将减为1t。2000W是1960年瑞士社会的消费水平，如果使用现代技术的话，可在不降低生活质量的情况下实现"2000W社会"。但如果由核电提供一次能源的话，此目标则难以实现。

尊重城乡差异，走向广域联合

在欧洲农村地区，生产自家消费量以上的电力，在热能自给度很高的自治体已不稀奇。比如德国，在国家网络上登录的，以生物质能为中心的可再生能源提供大部分电力和热能的"生物质能源村"就有78个。

人均面积较大的农村地区，通过努力是可以在短、中期内，实现100%用可再生能源提供包括交通在内的能源消费的。而在发达地区，其实现年限定为10~20年的情况比较多。

在产业繁盛、人口密度较高的城市情况则有所不同。城市很久以前开始在粮食和资源上依存于农村。人口密度越高，使用本地生产可再生能源来实现能源自给的难度就越高。

欧洲的大多数城市实行了先进的防止温室效应的对策。然而在众多的温室效应对策中，本地进行可再生能源生产只能说是一个要素。从长远的零碳化观点来看，为了维持稳定的供给和社会和平，城市有必要更积极地增加可再生能源的生产。

如第四章介绍的瑞士巴塞尔一样，虽说是城市，但因为环境不一样（算入节能水平的话），可再生能源的自给潜力也会大不一样。很多城市在本土并不具备实现电力、热能和交通能源完全自给的条件。因此近年来，可再生能源的增产不再是以自治体为单位展开，而多以城市及其周边的广域为单位展开。

如德国的大城市汉诺威（Hanover），是由周边的48个自治体和村镇组成的大城市，其目标也是到2050年在电力、热、交通领域实现向100%可再生能源的转换。其面积有1.9万km²，人口有400万。乌尔姆可再生能源地域周边的两个郡以及新乌尔姆（Neu-Ulm）市一共有50万人，其目标是在2030年实现所有领域的能源自立。城市和广域地区则多以2050年为能源自立目标。我们这一代能源问题的责任时限约在2050年。

本书介绍的先进地区

本书列举了在电力和热能领域实现能源自立的农村地区和一些在此方面发展较好的村镇，也介绍了一些还未达成自立目标，但在高水平地推进节能和可再生能源增产的城市与州的活动（欧洲中部的自治体，也只分为市及市以外的小自治体，本书为了更好地向读者介绍各地的情况，从规模和特色相结合的角度，将市以外的小自治体又区分为"镇"和"村"）。

在选择案例时，不仅考虑了人口和面积规模，也考虑了从海岸到阿尔卑斯地区不同自然环境中各种经济产业构造的地区。此外，以由德国、奥地利、瑞士组成的欧洲中部为中心，意大利和丹麦的先进地区也开始推广。基本上都是采取制定提高生活质量的城市规划、地域发展战略和气候能源对策形式，活用地域条件，有计划地推进能源自立。

当然，日本也有和欧洲条件相同的地区。因此欧洲的先进案例有很多地方对日本的地域能源自立是很有帮助的。

案例介绍的最后，我们将该地域的数据进行了一览表式的整理。其中的"能源自立度"，指的是地域的能源消费量相对"地域内"可再生能源生产量的比例。"可再生能源利用率"表示的是与地域能源消费量相对应的来自"地域内外"的可再生能源利用的比例。消费量中也包含有产业。在可统计的范围内，也分别整理出了电力、热、交通的总消费量的比例。

（滝川薫）

❷ 地域能源自立的优点

居民从外部购买生活必需能源的方式，在发达国家是非常常见的情况，从历史角度来看，还只是近几十年普及的新形态。过去在日本和欧洲也有使用柴、木炭、风、水力进行本地能源生产和生活的人们，或者说居民自身也在进行能源生产。在不能生产所有能源的城市地区，要依靠周边农村地区来提供能源，存在着地域分散型的能源生产和供给系统。

把石油、天然气、煤和褐煤、铀之类世界上有限产地出产的能量源，通过长距离输送，在大型的能源设施发电，再将电通过长距离的送电线输送到消费者身边。这样集资源采集和能源生产于一体的系统，在第二次世界大战后的世界发达国家急速普及，从历史角度看还是很新的实践。

但在欧洲的这15年间，能源主权再次回到地域的行动在急速加剧。其推动力是分散型可再生能源的发电、发热事业。从一极集中型到分散型，旧系统的回归，使得地域社会的所有领域都发生了变化。

支持农户经营的能源商业

特别显著的变化发生在农村，本书也有若干案例介绍。首先是景观的变化。在农户家屋顶的一面铺设有光灿灿的太阳能板，牧草地和森林中立着巨大的风车……设有新能源设施的牧歌般的农村景观在各地纷纷诞生（照片1）。还有一般不容易注意到的生物质能设施和木质生物质能的发热设施也在增加。

德语里农户叫"Landwirt"，意思是土地（Land）的主人（Wirt）。作为土地的管理者在耕作、生产农作物是一般农家的风景。然而，近年来生产电力和热能等能源的农家在增加，于是产生了新词汇Energiewirt（能源的主人）。随着国际化及过剩竞争引起的农产品价格下降，一些农户的经营日渐陷入严峻局面。由于可再生能源这一新产业的加入，经营得到了改善，得以持续耕作土地的农户也不少。因为成了能源的主人，农户保住了土地主人的地位。

日语里表示农户的有"百姓"一词。这个词汇里有很多内涵，一是反映古时农户不仅依靠农业为生，还有手工业、加工业、商业等多种产业，栽培有多种农作物。"百姓"一词换成现代词语是进行"复合商业"的农户。现在农业经营的专门化、单一化主要是第二次世界大战后工业化社会推进后的变化。但是单一构造应对变化和压力是很迟钝的。复合的传统农业方式更稳定，可以分散风险。可再生能源，可以给农户恢复稳定的复合经营的机会。

关于林业中的可再生能源生产，基本上是废材利用。建筑材料中不能作为家具装修材料使用的低质材料，以及森林中残留的树冠材等，可变成柴和木屑用来生产可再生能源。这些本身价值很低的材料，虽然对于森林所有者和林业事业单位来说不能算是很大的经济收入，但作为补充性收入，可

照片1：德国西南部农村的能源景观

第一章　欧洲的能源自立潮流

以间接支援林业经营。

本地资金本地流动

分散型的构造，会引起货币流通的变化。本地的人们在购买大型火力发电和核电，以及购买灯油和天然气通过锅炉供暖时，全部的电费和燃料费都流通到了外地。而使用沼气和木质生物质能这类的地域资源生产能源时，从本地的资源提供者、能源生产者到设备安装和维修人员、融资的地方银行都会有资金的循环。在太阳能和风力能源的利用方面，如果由本地的人们进行投资的话，也一样有资金循环。对于每个要花费数亿日元的风力发电设施以及利用空地和不毛地建设的大面积太阳能田而言，由于个人或小集体的所有和经营较为困难，募集有意投资的市民共同出资的项目也逐渐成为常态。这种方式可让多方享受到收益。

单方集中型的能源供给的情况下，资金由大型石油公司和天然气公司、电力公司等来吸收，而使用地域资金的可再生能源的地域能源生产形式，则会留下大量的本地资金，促进财富的分散。人们的钱包变鼓了，购买力增强了，就得到了地域经济还原。

此外资金流动也能让地域的人们产生更多的交往，强化地域社区感。随着工业化社会、信息化社会的发展，所有国家都出现了地域社区的弱化，地域可再生能源的推进，可以给这些地域以"社会的健康"。

笔者在德国西南部的黑森林（Schwarzwald）地区已经居住了10余年，深刻感受到了这种变化。比如当地政治家、市民、专家、技术人员、银行家等各类人群会集合起来讨论可再生能源，添置了设备后会找人召开参观会、展示会等，地方报纸等媒体则会负责传播信息。该过程会让原本不关心此事的人逐渐注意起自己平时的能源使用量。甚至开始有人呼吁"只要有太阳、风、树林，就可以成为本地的能源资源，不使用起来很浪费"。"我们那些被集装箱和石油产地国挣去的钱要尽量在本地循环流动。"

原本靠购买能源生活的市民成了能源的生产者、投资者、事业家和提案人等。人们从被动的生活转向主动的生活，市民的能源复权运动开始了。

产生新的雇用

地域分散型的能源生产，自然会分散雇佣的状态。地域中开始产生各种各样新的职业，如发电和暖气设备的施工人员、规划人员、咨询顾问、市民投资咨询公司、本地资本的小能源公司、木屑和柴薪的加工业、运输业、讲师、广告杂志的编辑、环保旅游从业人员等。

近十年来可再生能源发电发热业急速发展的德国，其雇佣人数也在增加（图1）。根据德国环境署发表的统计资料，可再生能源的雇用，从2004年的16万，到2010年发展为37万人，6年间翻了一番以上。与此相对的，占德国能源消费约10%的核电，据2009年的统计只有3.6万人被雇用。可再生能源占一次能源消费的9%，但从产生的雇佣人数看，却是核电的近10倍。

然后这种情况在地域中是分散的。单方集中型的能源设施，在设备投资上需要花费巨大的资金，雇佣人数少，财富容易集中，以分散型为前提的可再生能源产生了大量的雇佣关系，也分散了财富。

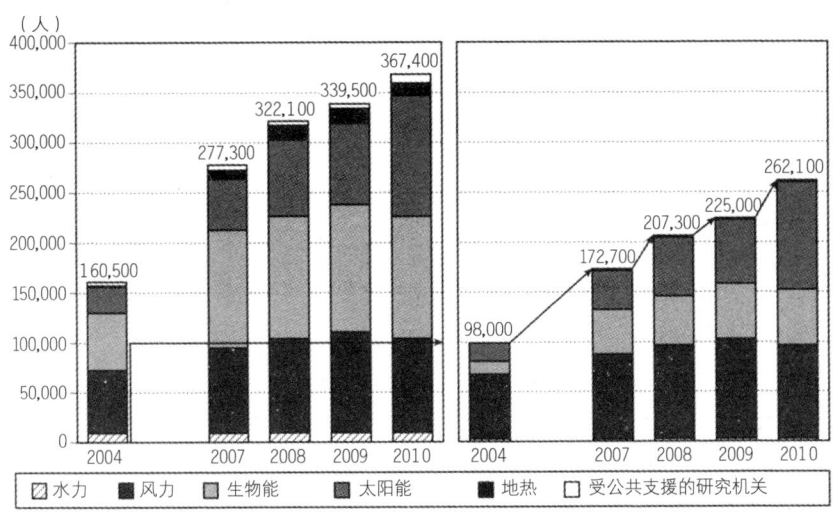

图1：德国可再生能源的雇佣总人数。左图包括电力、热、交通（燃料）的所有领域。右图是电力领域的雇佣人数。雇佣人数根据总销售额使用统计手法（输入·输出分析）算出（出处：德国环境署）

可再生能源生产的雇佣人数增长势头强劲，即将要增加到40万。可供比较的数据是，德国最大的产业体汽车产业的雇佣人数也就近70万。可见，在德国可再生能源是重要的产业分类，在社会经济学上意义重大。

绿色村庄，汇才聚业

此外，可再生能源利用情况好的地域和城市，在吸引企业时也有很多优点。首当其冲的就是"绿色街区"和"环保街区"的地域和城市印象。这对树立企业的社会形象十分重要。此外该地域的社会性和社区的活跃度，也是企业选址时的重要因素。可再生能源事业可以促进地域社会的活性化，现在的企业要在对从业人员的家族服务上花费功夫。想和家人一起，在环境美丽、社会活动活跃的地域或城市居住的从业人员，一般多为工作行动能力强的优秀人才。为了获得高水平的人才，企业的选址成了重要因素之一。

以1970年代市民掀起的大规模反核电运动为契机，成为环境首都的弗莱堡（Freiburg）市，排在"德国人理想居住城"的第三位，是十分受欢迎的城市（参照第二章）。弗莱堡市及其周边地域，因市民运动而培养了很多环境专业的优秀人才，也诞生了如Fraunhofer-Gesellschaft（简称FhG研究所）、环保研究所等与环境能源相关的研究机构。1990年代中期，还成立了制造太阳能板的Solar Fabric公司。当时土地价格低廉的前东德地区中的某市还邀请该公司进行工厂建设。但公司董事长依旧选择了土地价格颇高的弗莱堡市。其理由是弗莱堡作为环境首都的美好印象，可以聚集知性财富。

如上文介绍，尽管可再生能源通常被人们认为使用成本很高，但确实也有很多优点。广义上，它可以给农林业、地域社会和经济带来各种各样积极的影响。从这个效果层面考虑，该投资是十分高效的，需要被重新认识。

（池田宪昭）

❸ 促进能源自立的制度

地域和自治体是能源转换的调节器

在德国、奥地利、瑞士，国家有很多支持地域能源自立的各种项目。虽然在运动初期各个自治地区活跃着一些自力更生的能源自立先驱者，但如要将运动推广并有效普及，国家层面的支持是不可或缺的。

在推行可再生能源转换政策的国家，自治体和镇在协调现场方面扮演着重要的角色。分散型可再生能源的时代，为了让各地都能生产出电力、热能和交通能源，地域居民的认同和参与是必不可少的。然而要实现此目标，政府必须以能给地域社会和居民带来最大利益的理念为基础，积极引导生产、运营设备的企业与组织以及居民。

德国郡议会代表贝尔德·福秀巴哈在前文提到的卡塞尔会议上这样说道：

"我们必须注意不能让本地可再生能源的最佳立场被外地的投资家窃取，要用成立本地组合式组织等方法投资本地可再生能源……因为地域价值观的诞生与可再生能源设备的容纳度息息相关。"

下面，我们以德国为例，介绍此类由国家支援的自治体和地域行政的能源自立运动。其核心项目是环境署的"100%可再生能源地区"[2]。与其并行的是粮食农业消费者保护局负责推进的"生物质能源村"网络化工作，以及环境署负责的"100%温室效应防治的总体规划"模范自治体的支援建设。此外在属于州级别的巴登-符腾堡（Baden-Württemberg）和萨克森（Sachsen）、莱茵兰-普法尔茨（Rheinland-Pfalz）、石勒苏益格-荷尔斯泰因（Schleswig-Holstein），以及巴伐利亚（Bayern）都开展了以能源自立和气候可再生能源为目标的竞赛和咨询会。

德国环境署的"100%可再生能源地域"计划

"100%可再生能源地域"计划始于2007年的，正式受环境署委托负责

照片2："100%可再生能源地域"项目负责人贝塔·莫泽博士
（来源：deENet）

运营该项目的是以巴塞尔为据点的社团法人deENet（分散型能源技术专门网络）。"100%可再生能源地域"项目表彰以能源自立为目标的自治体，授予其"100%可再生能源地域"的称号，并对这些自治体提供咨询及网络化服务。我们采访了项目负责人贝塔·莫泽博士（照片2）。

贝塔·莫泽博士这样说道："100%可再生能源地域具有标志性的价值。其不仅指达到100%目标的地域，而是要用可持续性的方法对地域的可再生能源潜力进行综合利用的地域。尤其要在能源的有效利用以及节能方面下功夫，要计算其经济效益，此外政治和居民的一体化战略也很重要。"

因此，如果在城市地区活用了本地的可再生能源潜力，同时和周围地域联合构建起了广域供给体制的话，也可以成为"100%可再生能源地域"，与此相反，在资源丰富的农村，则更需要100%以上的能源生产和节能的强化。虽然如此，接受该表彰称号的目前还多为农村地区和中小城市，还没有大城市。

该称号的获得必须在以下三个方面达到良好的平衡：

1）目标水平：在中长期范围内能源系统可以完全转换为可再生能源，届时将有自治体和镇议会进行决定。

2）行动水平：为了实现目标，已经开始实施了项目和活动。如能源概念的形成、行政内组织以及居民的网络化活动等。

3）现状水平：达成了中期目标，已经接近实现可持续的地域能源供给。包括可再生能源利用的进步程度，地域供暖、节能改造项目的有无等。

依据以上30个左右项目的评价结果，对进展度较高的地域授予"100%可再生能源地域"的称号，对还没达到该标准但比较优秀的地域授予"始发地域"的称号。到2011年末，前者有78个地区，后者则有40个地区（图2），参加地域的规模从人口1000人的村庄到90万的广域地带，多种多样。人口1780万的地带也在以能源自立为目标。

实际上这一"100%可再生能源地域"项目的企划，是由卡塞尔大学可再生能源和deENet向环境署提交的。因为当时的环境署接到了若干个自治体提出的能源自立援助申请，也可以说就是国家受到了现实状况的催促才开始采取行动。

2007～2010年为项目的第一阶段，重点放在研究上，卡塞尔大学和deENet合作对能源自立地域的手法和必要要素进行了调查。此后的2010～2013年为项目的第二阶段，重点是地域的网络化。

deENet对接受表彰的地域无偿提供现场咨询、宣讲、组织活动和会议的服务。此外，每年的9月末，本章开始所介绍的大规模会议也会在卡塞尔召开，为以可再生能源为依托的能源自立地域及企业提供宝贵的交流场所。

"一开始，'100%可再生能源地域'只是很微小的草根运动。此后逐渐发展，通过我们的项目开始被人们所认知。之后因福岛核电站事件和能源政策的推动而加速，突然之间100%可再生能源地域发展成了谁都期望的先进地域的主流"贝塔·莫泽博士这样说道。

贝塔·莫泽博士坚信该项目可以将能源自立地域的声音凝聚成一股力

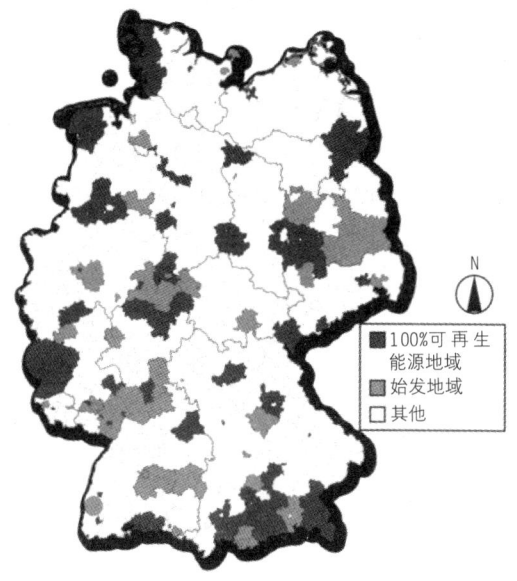

图2：德国 100%可再生能源地域与始发地域
（出处："100% Erneuerbare-Energie-Regionen"，deENet）

量,一股推动国家的力量。

能源政策的双重管理制度

前文提到的项目支援了以能源自立为目标的地域,但是对于参加的地域而言并没有持续性提交成果的义务。一般来说,自治体的能源政策的执行,虽然在开始的时候势头很好,但随着人才和援助金等的变化,其实施的过程也会出现波折。为了避免波折,本书所介绍的若干自治体,参加了自治体能源政策相关的双重管理制度,主要有奥地利的"E5自治体"(参照第三章第1节)、瑞士的"能源城市"[3]、欧洲的"全欧·工程·奖励可再生能源"[4]制度。因为这些制度都有互换性,这里我们以瑞士的"能源城市"为例进行介绍。

"能源城市"是认证实施有进步性和综合性的能源政策的自治体的制度。能源城市联盟,接受来自国家能源厅和州的支援。能源城市认证制度,对自治体可以实施的6个领域的90个项目的对策进行了定义,获得半数以上的得分则可获得认证。这6个领域涵盖地域发展规划和建设条例、自治体的建筑物和设备、能源供给·垃圾废弃·上下水道、交通、内部组织、广告及教育启蒙。

此制度的特点是每隔4年进行一次再认证,如果再认证时没有达到合格分数会被取消资格,这也是一种品质管理的手法。此外自治体每次的得分排名会在网络上进行公布,以促进竞争。接受能源城市认证的自治体,除了可以得到国家派遣的能源顾问专业且持续的支援以外,也可以设置能源城市间定期相互进行经验交流的场所。

(滝川薫)

❹ 从村到市、州、国的德国能源自立

从草根（基层）开始的推进运动

德国对可再生能源推进的尝试，要追溯到质疑"经济发展一杆枪"这一社会大义，是在社会和经济上追求政策变化性、社会运动活跃的1968年。一开始掀起的是要求改善大气污染和水质污染、森林砍伐的自然保护运动及以反核反战为代表的"反对运动"，该运动长期化、成熟化之后，发展成为一股新的潮流，即"只是反对什么也开始不了，必须要明确应该怎样改变。"

然而真正给这股始于草根运动的可再生能源运动带来快速发展转机的，还是1986年的切尔诺贝利核电站事故。此后，电力领域整体朝可再生能源方向推进成为常态。和如今发展为有执政能力和影响力的"绿党"以及会员多达46万的环境NGO组织"BUND"的诞生一样，推动可再生能源的运动始于德国各地的草根运动，再由自治体、州来推动发展，最后成了国家行动。

紧接着给德国可再生能源发电发展带来活力的，是1991年《电力供给法》的实施，这部法律规定了从业者必须履行用固定价格购买可再生能源的义务，该法律在国会以刚过半数的结果获得通过，其中凝聚了丹麦和德国北部先驱者们执着的坚守，他们长期致力于草根级风力发电设施建设，无惧经济条件拮据，也要追求理想。所有真实案例中政治和政策都只是起到了追认现实的作用。真正推动可再生能源发展的还是德国市民。

受到1990年代的电力供给法的支持，德国北部的风力发电技术及能力快速发展，中部及南部的奶农在能源自立方面也积极投入，于是在人口较少的农村地带，出现了突出宣传以风力及生物质能为支柱的"100%可再生能源"特色的自治体。本书将介绍的马尔海姆村和弗莱阿姆特村（参照第二章），以及奥地利的居辛市（参照第三章）等就是充当先锋的例子。

当然，那个时候100%的定义也是多样化的，和目前德国和欧洲被一

般化的定义（参照本章第1节）也许不尽相同。然而，尽管有些细微的概念差异，这些推动可再生能源大步向前的先驱地区还是有很多值得学习的地方。不仅仅是提供电力供给，各地也考虑着推动以生物质能利用为支柱的热能供给系统，有的地方甚至确立了包括交通在内的综合能源战略。这样的能源自立，从村庄扩展到市、州及更广阔的地域，如前文提到的，现在的德国已经在从国家层面推动100%可再生能源地域的发展。

德国可再生能源的现状

这里简单介绍一下德国可再生能源的发展状况。数据全部来自2010年为止环境署整理的统计数据。

首先是最终能源消费量中可再生能源的比例。2010年总能源消费（电力、热、交通等动力）中可再生能源的比例上升到了11%。如图3所示，2000年只有3.8%，可见这10年间的增长是十分迅速的。

在德国政府2010年所制定的能源战略中，可再生能源所占比例目标是2020年达到18%，2030年达到30%，2040年到45%，2050年到60%。该目标并不仅是政治性的发声，也是根据以学术调查为基础的咨询委员会的提案制定的战略性目标。

可再生能源领域中表现出快速上升趋势的是电力。这一点从此后的几章介绍的各个自治体的案例中也可以看出，近年来特别是风力发电、太阳能发电领域的发展十分显著。但是在动力燃料供给上，因为生物质能资源供应的产能有限，不可能再提高，同理在热能领域，今后并不能期待有现在这样迅速的发展。如果要在

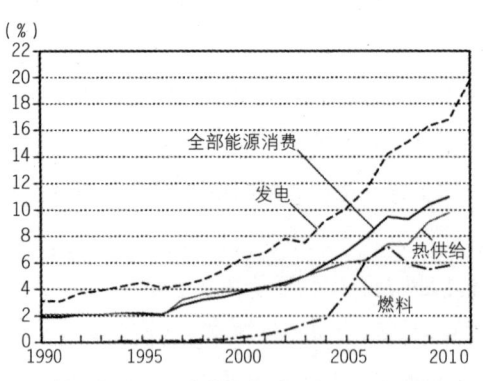

图3：德国最终能源消费量中可再生能源比例值的推移（出处：德国环境署统计值数据）

热能领域提高可再生能源比例，有必要采取比现在更好的节能措施。将来，可以预计的发展应该是在发电领域，这是可再生能源发展的重要期待点。

具体而言，以1990年大型水力发电只占3%的德国可再生能源发电为例，由于《电力供给法》，以及2000年全面修改的《可再生能源法》所确定的电力固定电价收购制度（feed-in-tariff）发挥了作用，在2010年可再生能源发电比例已达到了16.8%。2008年至2010年因为与往年相比风况很差，数字没有显著的增长，但风况和往年差不多的2011年，根据德意志联邦上水道事业者联合会（缩写为BDEW，该组织等同于日本的电气事业联合会）的速报，可再生能源的比例占到了电力消费量的19.9%。其详细比例是风力比例占7.6%，生物质能发电占5.2%，太阳能发电占3.2%，水力发电占3.1%，其他能源发电量占0.8%。近年来特别是太阳能发电比例上升显著（图4）。

根据德国政府所制定的能源战略，可再生能源的发电比例目标是2020年达到35%，2030年达到50%，2040年达到65%，2050年达到80%。前文所述的最终能源消费量中可再生能源达到60%这一数字，以及温室气体到2050年要比1990年代减少

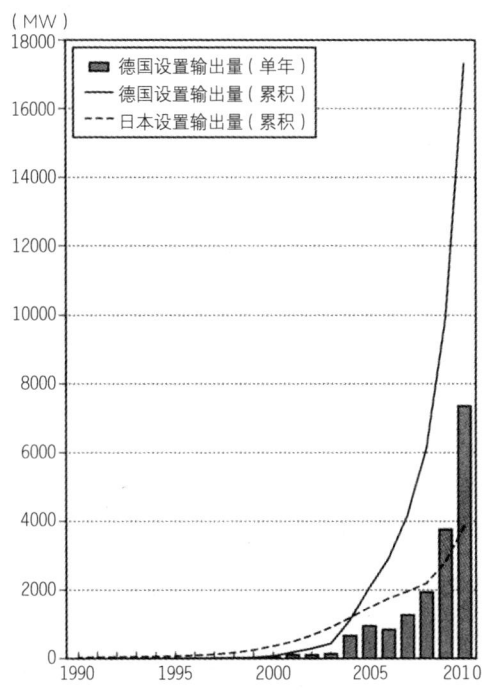

图4：德国太阳能发电的设置量（单年和累计）的推移与日本累计设置量的比较（出处：德国的数据是环境署的统计值，日本的数据来自太阳能发电协会JPEA的国内出产统计值）

第一章　欧洲的能源自立潮流　　27

80%～95%的数字，都显示出了使用可再生能源的强烈意向。不仅限于国家，很多的州和自治体也制定了超越以上目标的战略目标。

就这样德国将可再生能源作为国策并大力推动其发展，从一开始草根运动中先锋市民的崛起，到技术上的成功，中间历尽尴尬与波折，但最终还是在法律上得到了政府的支持。整个过程中，该领域产生了大量的产业和雇佣，对地域经济的活性化产生了积极的效果。特别在农村，一些正直的农家和手工业者很早就注意到了这一点，他们担负着本地的实体经济，也是必去参加投票选举的一批人，他们的存在给地方政治家施加了压力。一些政党的认识已从一部分农村开始改变，然后由点向面扩散。德国经历的就是这样的历史过程。

从核电到可再生能源的转换

意味深长的是发展可再生能源的国家基本没有发展核电。本书所举实例的五个国家就没有使用核能，有的更是已经制定了脱离核电日程表。丹麦和奥地利原本就是否定核电的，没有建设相关设施。特别是奥地利，已建成的一个核电站因为多数国民投票反对而完全没有启用。此外意大利也在国民投票之后，终止了采用核能发电的计划，近年来致力于打破此禁忌的贝卢斯科尼（Silvio Berlusconi）政权，因福岛核电站事故的影响，也遭到国民反对而终止了核电计划。德国和瑞士政坛以前也是常年上演着核电反对派和推进派的反复斗争，斗争过程中还是一直使用着核电。但在切尔诺贝利核事故发生后，德国绿党等反对派的支持率标升，2000年达成了脱离核电的合意，2002年被法制化。之后受福岛核电站事故影响，德国对17个核电炉中的8个进行废炉，剩余的9个也计划在2022年废炉。瑞士的核电推动活动虽然常年没有衰落，但在福岛核电站事故后，5个核电炉也计划于2019～2034年依次废炉，国会决议取缔原计划新设的核电站。

以上各国可再生能源的推进和取代核电、脱核电运动的发展并非偶然。近年来电器化、电子化的产业样式和生活样式的普及导致电力消费量的增加，各国情况相差无几。此外单纯依靠化石燃料的能源政策也给国家的安全保障和经济发展带来了危险的火花，再加上日益紧迫的全球变暖问题。在这种背景下，为了进一步取缔核电，可以承担这一重任的，无疑是新节能技术和可再生能源技术的发展。

接下来的几章将具体介绍可再生能源从农村到城市，从城市到州，然后到国家的发展过程和具体实例。

（村上敦）

注释：

1．2000W社会网址：www.novatlantis.ch（含英文）.

2．100%可再生能源地域的网址:www.100-ee.de.

3．能源城市网址：www.energiestadt.ch.

4．欧洲能源奖励网址：www.european-energy-award.org（含英文）.

专栏1　Climate Alliance
气候同盟——服务于自治体气候政策的网络

虽然在全球气候变化问题上，国际社会和国家间的交涉进展艰难，欧洲的先进地方自治体在1990年以后就制定了削减地域温室气体排出量的自主性目标，开始采取共同行动。

1990年由德、瑞、奥三国的12个自治体合作成立的法人组织——"气候同盟"就是支援自治体该方面活动的一个网络化团体。其设立理念是为了防止亚马孙的热带雨林地区受到气候变动的影响，并保护当地居民的生活，同时欧洲自治体也决定承担实施气候变动对策的责任。

目前气候同盟由来自欧洲的18个国家超过1600个自治体加盟组成，是欧洲最大的实施先进气候政策的自治体网络。本书列举的德国的法兰克福市和慕尼黑市、威尔德波尔兹里德（Wildpoldsried）村、奥地利的克查赫毛滕（kötschach-Mauthen）地区、居辛（Güssing）市、多恩比恩（Dornbirn）县、朗根涅格（Langenegg）村都是气候同盟的会员。

对于希望加入气候同盟的自治体，经地方议会认可的目标如下：从加入开始每5年减少10%的碳排量，最迟到2030年每位市民排出的二氧化碳要比1990年减少一半。长期来看每人排出的二氧化碳要维持在每年2.5t以下。同时禁止调配以热带雨林作为原材料的产品。

为了实现此目标，会员自治体在能源、运输、城市规划、产品调配、废弃物、农业、森林、观光领域实施了各种对策。气候同盟也会为会员提供方便的工具和可共同实施的项目，从而减轻了各自治体的负担，也起到将专业而有效的对策进行推广的效果。

比如温室气体排出量的现状把握和政策实施情况的比较。此项业务非常的复杂，至今为止多数自治体都没有实行，或是委托到外部执行。不过很多自治体导入了由气候同盟开发的在线版二氧化碳监测工具，可以让自治体负责人亲自制作排出量清单。

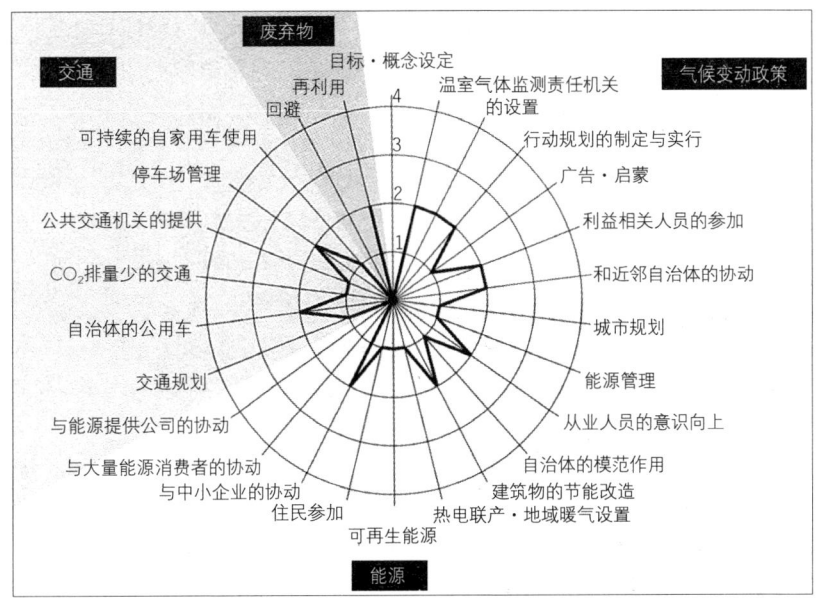

气候同盟提供的地域气候政策基准点（提供：Climate Alliance）

此外，因为有共同的目标，会员自治体可以将地域气候政策的内容和成果进行体系上的比较，然后导出应该实施的对策方针。原来欧洲就通过竞赛对自治体的环境政策进行排名，积极实施可促进活动的方法。气候同盟也通过将气候对策相关的各种条件和手法进行指标化，促进了有实践性和实效性的活动发展。这些指标，不仅仅是一些数字，而是将"气候变动政策"、"能源"、"交通"、"废弃物"方面的26项对策的进展程度，在图表上进行了四个阶段的评价。

以会员自治体可共同利用的活动为例，有项活动叫"自行车议员"。该活动由自治体的议员和市民组成团队，定期在各参加自治体间举行骑自行车比赛，每年德国国内有60个以上的自治体，超过两万人参加活动。

此外，通过工作营和会议等，也对会员自治体的负责人进行教育。例如，二氧化碳监测工具的使用方法和气候政策战略制定等。此外，会员自治体间也安排了实践经验交流会，实现各地气候政策手法的共有化。比如，面向贫困家庭的节能服务，使用了源于德国纽伦堡（Nuremberg）市的手法，在法兰克福市开始了体系化项目，如今发展成了全德自治体都使用的方法。之后由欧盟决定赞助金额，今后该活动计划要扩展到全欧自治体。

除了支援自治体和网络活动之外，气候同盟还进行政治性活动。作为代表欧洲自治体的团体，承担着对联合国、欧盟和各国家表达对自治体气候保全政策关心的任务。

（近江Madoka）

气候同盟主页：www.climatealliance.org

第二章　德国

❶ 德国的能源情况

德国的国土

德国是位于欧洲中部的工业大国。在日本,无论是在哪个领域,对于北欧、瑞士、奥地利等小国的先进案例,都会以"规模、经济背景不尽相同"为借口对其视而不见。然而,德国与日本拥有几乎相同的背景,德国的先进实例确实是不可视而不见的。尤其是日本在讨论能源政策的时候,商议温室效应对策、脱离核电的同时推进可再生能源以及节能对策等议题时,为了介绍德国在近年里取得的显著成果,据说总会加入"在德国……"这样的开头语。

本书虽然不是以褒扬德国与欧洲的相关能源政策,以及盲目宣扬能源的"乌托邦化"为目的,况且在能源政策方面,日本与德国的差异也十分显著。但是,德国值得日本学习的先进之处确实很多。

即使是单纯地比较日本与德国两国,其背景也有很大的不同。需要通过一些数据,来确认两国究竟有哪些不同,之后对于各自治体案例的分析才有根据和意义。以下基于日德两国的相关数据来对德国这个国家进行简要的介绍。

首先是德国的国土。

表1 德国与日本的国土利用状况

	国土面积(万 hm^2)	人口(万人)	土地利用		
			森林	农地	建设、居住用地等
德国	3571	8177	30%	52%	18%
日本	3779	12806	66%	13%	21%

(出处:日本国土交通省、德国统计局)

从表1日、德两国的国土利用状况对比可以看出,日本人口密度较大,城市化程度更高。换句话说,在实现能源自立(100%可再生能源化)

这一理想目标上，相比较德国而言，在单个自治体的尺度上的能源自立可能更难在日本实现。同时，在生物质能的利用方面，日本的木质生物质能（森林木质等）潜在保有量占有压倒性的优势，像德国一样使用农业类生物质能是没有必要的。再者，日本的年平均降水量为1500~1600mm，德国为800~900mm，因此两国的大小型水力发电潜力就不尽相同。与第二高山仅有1400m的德国相比，地形高差较大的日本在水力发电方面占有相当的优势。

日本海岸线约长2000km，是德国的15倍，两国在可利用的可再生能源种类上的差异也由此产生。两国的风力条件（风速、风向等）有很大的差异。在地热资源方面，火山资源丰富的日本与几乎没有火山的德国不可同日而语。虽然存在纬度的影响，两国的"年平均日照时间"却十分接近。德国的年平均日照时间为1300~1900小时，德国南部能达到1500~1900小时，而日本的年平均日照时间为1500~2000小时。

德国的能源情况

下面就两国的能源供给与能源消耗进行比较。

表2　德国与日本的国内一次能源供给（2009年统计，单位PJ）

德国	一次能源	比例	日本	一次能源	比例
核电	1472	9.6%	核电	2411	11.5%
黑煤	1537	10.0%	黑煤	4388	21.0%
褐煤	1532	10.0%			
原油	5673	37.1%	原油	8797	42.1%
天然气	3509	22.9%	天然气	3979	19.0%
可再生能源	1201	7.9%	可再生能源	1317	6.3%
其他	370	2.4%			
合计	15294	100%	合计	20893	100%

（出处：日本资源能源厅、德国经济部）

如表2所示，在一次能源供给方面，从日本的人口和经济（GDP）规模大约是德国的1.5倍这一大背景来看，两国的能源供给状况是类似的。这也是大家经常把日本和德国两国进行比较的原因。但是，德国计划截止到2022年就完全停止核能的供给。在可再生能源所占的比例上，德国仅稍稍领先日本，究其原因，是因为日本在地形上占优势，水力发电的容量较大。不过，上面已是2009年的统计数据，距今已有3年的时间，加之近年德国强劲的可再生能源发展势头，以及今后德国政府的能源战略对可再生能源的扶持，恐怕会如前章所述，数年后，两国的差距会越来越大。

与此同时，因为德国还对外出口原油、天然气、石炭等加工过的能源商品，地域供暖系统提供的热能与电力系统提供的电力也输往邻国，所以德国的能源对外出口量超过了其国内供给总量的10%。依表2所示，假设德国与日本条件相同，不算能源对外出口量的话，德国的一次能源国内供给总量应为13428PJ。至1990年代末，日本的能源使用效率无论是与单位GDP相比，还是与人均能源利用效率相比，都在德国之上，曾有过位居世界第一的荣耀时代；但由于近年来德国快速实施了一系列对策，虽然其领土地处与日本的东北和北海道地区同样寒冷的地方，却已追至与日本几乎相同的水平，如今甚至已超过日本，并且今后这个差距将不断扩大。

日本除了可再生能源以外，其他的能源完全依靠进口，而德国100%的褐煤、27%的煤炭、13%的天然气、2%的原油供给都来自德国国内。所以在德国可再生能源比例上升的同时，其能源的自给率也在上升。

下面从产业方面来对比两国的能源消耗。

表3　日本与德国的终端能源消费量（2009年统计，单位：PJ）

	德国		日本	
	终端能源消费量	比例	终端能源消费量	比例
民用	3848	40.0%	4837	33.6%
出口/交通	2538	26.4%	3403	23.6%
工业	3243	33.7%	6154	42.8%
合计	9629	100%	14394	100%

（出处：日本资源能源厅、德国经济部）

从表3我们可以观察到，即使考虑人口数量的不同，也很明显地看出日本在工业上消耗了大量的能源。应该是因为德国的经济已经向第三产业转移，并且相比较日本而言，其传统重工业企业的海外外迁率更高，实现了高附加值化的原因，抑或是其工业衰退的表现。同时，德国在民用能源消费方面，一半以上都是为了度过漫长而寒冷的冬季所产生的供暖消费，这一部分能耗也成了德国最大的节能潜力项目。因此，德国对于在2021年以后新建的建筑，推行不允许使用化石燃料或核能供暖的节能措施（零能耗建筑的义务化）。对于已建成的建筑，也实行相应的节能和隔热改造等项目，计划以每年增加2%的目标推进。

值得一提的是，日本的年耗电量约为90万~95万GWh，而德国则为55万~60万GWh，所以无论是从人均耗电量还是从GDP平均耗电量来看，日本都高于德国。

德国的能源战略

基于以上背景，德国的能源战略可以简述为：至2020年温室气体排放量比1990年减少40%，将可再生能源在终端能源消费量的比率提升至18%，将其在总耗电量的比率提升至35%。显然，德国选择了与日本截然不同的能源战略。能描绘出这样的国家级别的能源战略，是与接下来要介绍的先驱自治体的努力，以及民间草根阶层的经验累积分不开的，还有可再生能源的技术、人才以及相关实践经验的累积，这些都转换成了德国的国力。

（村上敦）

❷ 马尔海姆村

电力・热能自给自足的生物质能源村

Mauenheim

照片：人口仅有430人的小村落——马尔海姆村

德国家庭必需的能源可划分为照明、家电、暖气、热水供应这几个大项。由于德国的气候和北海道相近，一般家庭几乎用不到冷气。而照明和家电所需的能源是电力，每个家庭通过购买来使用电力公司输送来的电力。但是，在德国，暖气和热水经由建筑内设置的锅炉来提供的情况较多。一般来说，热水通过设置在地下室的燃气或石油锅炉来加热至沸腾，然后分别通过供暖和热水供应两个管道来输送。热水供应直接使用水泵将锅炉的热水抽上来。德国在1970年代就已经普及了这套系统。

对比电力和热能的百分比来看，在德国，照明及家电的耗电量约占2成，供暖约占7成，热水供应占1成，这里热能占到了压倒性的比例。在热能方面，今后如何增加可再生能源的产量是德国的一大课题。其中，德国已经有电力和热能供给均通过可再生能源实现100%自给自足，无须依靠核能及化石燃料的自治体案例。最初的先驱者是下萨克森州（Niedersachsen）哥丁根市（Göttingen）近郊的云德村（Jühnde），不过这里将介绍的是位于德国西南部巴登·符腾堡州的马尔海姆村，此村是第二个由可再生能源实现100%自给自足的案例。

变革的开始

马尔海姆村是人口仅有430人，位于博登湖（Bodensee）和多瑙河（Donau）上游的交汇处，海拔700m的宁静小山村。巴登·符腾堡州在1970年代初进行了大规模的自治体合并，马尔海姆村在行政区划上属于约5000人的印门丁根村（Immendingen）。行政合并后，村委会和议会的规模虽然缩小，但一定程度上保持了该村的独立性。当地主要的产业有农林业和畜牧业，村庄周围大面积的农地上栽培着木材和玉米。马尔海姆村无论是气候、地形，还是农业形态都与北海道相似，是在德国西南部非常常见的村落。

马尔海姆村的变革始于2005年夏天。当地3名投资者集资建成了生物沼气发电设施（照片1）。这3名投资者是马尔海姆村的农夫拉尔夫·凯勒（Ralf Keller）、村长埃里克·海林格（Erich Henninger），和在临近的拉多

尔夫采尔市（Radolfzell）经营能源公司的尤格·德阿普哈（Jörg Duapuhha）。为了该设施的建设和管理运营，3人还设立了"KCH生物沼气有限公司"。此生物沼气发电设施建设费用大约是100万欧元。

照片1：马尔海姆村的生物沼气发酵罐和发电装置（摄影：滝川薫）

利用生物沼气发电的余热进行供暖

这个生物沼气设施的发电原理与下节将介绍的马尔海姆村雷博德家（Reinbold）的生物沼气设施大致相同。首先，混合牛的粪尿、草和谷物等，经厌氧发酵产生沼气。通过沼气燃烧带动发电机发电。一年的发电量可达400万kWh，相当于该村总耗电量的9倍以上。依据《可再生能源法》，这些绿色电力享有在20年内以高于一定价格被收购的权利。所以3位投资者的投资可在12年后通过销售电力回收资金。

但是发电必然会有余热产生。这个沼气设施每年的余热大约有350万kWh（约35万升的煤油），相当于100个家庭一年的热能消费量。如果不利用这些余热，热能就会像其他大型发电站那样白白消散在空气中，并且成为加剧温室效应的原因之一。

为了让村民们对这些余热进行有效的利用，在近郊辛根市（Singen）进行可再生能源的建设和普及活动的Solar Complex公司展开了与3位投资者及该村的合作。他们打算利用这些余热加热温水，然后通过地下的供给管道送往各家。但仅仅依靠生物沼气发电设施是无法满足冬季短时早晚热能需求高峰的。所以，作为另一个热能供给源，Solar Complex公司一手承担建设了用木质碎屑为原料的供热设施（设备容量1MW）项目（照片2）。

因为夏天主要是来自冲澡及厨房这两个方面的热能需求，所以仅利用生物沼气发电的余热就足以应对，但在冬季热能需求就会增加。所以，如果拥有两个独立的供热系统，即使其中一个发生故障，另一个也能在一定程度上

照片2：Solar Complex公司的木质碎屑发热设施及地域供暖中心（摄影：滝川薰）

作为候补提供热能，提高了运营危机的调控能力。

七成居民的热供给系统更新换代

生物沼气和木质碎屑发电设施位于村外，全长3.5km的地下供热管道可以把温水送到各家各户（照片3）。但是，因为并没有强制各家各户都必须使用地区供热中心提供的热能，所以每个家庭可以根据自己的情况来决定是否使用。对于Solar Complex公司来说，因为投资费用是在向各家供热的过程中回收，所以没有一定数目以上的家庭参与的话，项目是无法实施的。

与德国其他普通家庭一样，马尔海姆村的100户人家里的大多数家庭都在地下室安装了供热的锅炉。德国虽然在1970年代普及了以石油和天然气作为燃料的锅炉，但大多数设备都逐渐老化，已经到了更新升级的时候了。马尔海姆村的这个项目正赶上了这样一个好时机，在保留各个家庭原有锅炉的基础上，仅仅需要把家中的温水管与新埋设的供热管道通过"热交换器"连接起来就可以了。无论是地下供热管道的铺设，还是热交换器的设备及安装费用都由Solar Complex公司负担。所以，各个家庭并不需要支付额外的设备投资费用，只需预付一年的基本使用费和相应的热能使用费就可以。最终，村里7成的家庭选择了更新为此套供热系统。

照片3：地下供热管道（提供：Solar Complex公司）

不过，最初也并不是立即就有7成家庭决定参与的，人们对于新事物总会存疑且抱有不信任感。"虽然是绿色能源，但是能够进行稳定的供给吗？""价格如何？""效率如何？""故障是否多？"等诸如此类的问题，承包商Solar Complex公司都有必要一一做出解答。而已经习惯化石燃料供暖系统的保守村民也不会那么轻易地改变想法。

Solar Complex公司的挑战

Solar Complex公司是以当地的个人及中小企业为中心，开展可再生能源设施的建设、管理、普及活动的能源服务公司。公司由当地的个人及公司（共计20个出资个人和公司）共同出资，在2000年成立。2007年，因业务及资本扩大而改为股份制，变为了股份公司。只要有意向，任何人都可以出资成为公司股东。现在，Solar Complex公司共拥有约700个出资者（含个人和公司）。

公司资本约824万欧元，拥有12名专属从业人员。主要业务涉及工厂、仓库、学校屋顶的太阳能电池板安装；小型水力发电机、木质生物质能、生物沼气设施、风力发电等可再生能源项目的市民投资顾问服务，以及合约缔结（应要求可有经营、运营、管理等服务）等。在过去的11年里，业务辐射到了1500 km^2、人口约48万人的周边地区，新建了大量的可再生能源设施。业务总投资额约9000万欧元，所有设施的年能源产量达5000万kWh（电力2500万kWh，热能2500万kWh），相当于约3300个家庭1万人的家庭能源消费量。

对于积累了丰富的项目经验，知道如何应对的Solar Complex公司来说，马尔海姆村的项目也是极大的挑战。地域供暖系统在新建住宅区是很平常的配置，但对于已建成且有老式锅炉的住宅和建筑物来说，导入新的地域供暖系统这件事在当时很少有人会考虑

照片4：Solar Complex公司经理贝内·穆勒（提供：Solar Complex公司）

到。对这个"既有"的想法进行挑战，并且成功地获得了100户人家中70户参与的原因，是"强调经济上的优势"与"花大量的时间彻底说服村民，赢得支持"，Solar Complex公司的经理贝内·穆勒（Bene Muller）解释道（照片4）。

使用生物沼气设施和木质碎屑设施供暖的居民们现在只需要交相当于以前煤油供暖时60%~70%的费用（向Solar Complex公司交付的费用，含原料费、设备费）。费用减少是因为一半的热源来自生物沼气发电的余热，而这些热能是由KCH生物沼气公司免费提供给Solar Complex公司。与其白白浪费掉这些余热，不如免费提供给Solar Complex公司。

贝内·穆勒经理说："如果单使用木质碎屑设施来供热的话，应该也无法达到如此便宜的价格"。他还说道，"提倡环保，就不允许低效率的能源生产。生物沼气发电应该就近提供给有需要的建筑物。"如果只是单纯发电，能源效率仅有20%~30%，其中70%~80%的部分是以热能的形式白白浪费掉了。如果将电力和热能结合，高效率地利用余热进行热电联产的话，能源效率可以达到90%以上。

Solar Complex公司为了获得更多家庭的支持，两次举办了面向村民的项目说明会。通常项目宣传告一段落后，剩下的就只需要等待申请书。但穆勒经理认为只举办大规模的说明会还不够充分，于是借用了村公民馆的一间屋子，在两个月的时间里每周造访一次马尔海姆村，对每位村民进行

第二章 德国　　43

大约两小时的答疑。他们认为，如果不创造出这样个别答疑的机会，这个项目就没有办法顺利地开展下去。所以，他们花了大量的时间进行说明和答疑。在村里七成家庭同意参与的背后，包含了公司人员的不懈努力。

生物质能能源村的诞生

马尔海姆村的年热能消费量按煤油换算的话，大约30万升，价值约25万欧元。以前，这些钱都流向了能源大公司或原油产出国。但对目前已达成能源自给自足的马尔海姆村来说，这25万欧元每年都在村内循环流动。其中一部分到了省下了能源费用的村民手里，一部分到了该项目的投资者手里（部分设备投资是通过市民融资进行的），还有那些提供原材料（草、木质等）的当地农家、林家手里等。于是，以前流向地区外的资金，现在都在地区内循环流动了。穆勒经理强调说："马尔海姆村确实变得更加富裕了。地区内分配的财富在提高了居民购买力的同时，还促进了地区经济"。

像马尔海姆村这样几乎全村都参与的项目，对于Solar Complex公司来说也是第一次。在德国曾有过一个与马尔海姆村类似的生物质能能源村，马尔海姆村在当时的德国算是第二个。"虽然这次在这个项目上花了大量的时间，但我们成功了，所以之后再做类似项目的话应该会轻松一点。因为人们会想既然在马尔海姆村都成功了，我们村也能成功吧，"穆勒经理于2007年说道，"能够开展类似项目的农村仅在巴登·符腾堡州就多达150个。"未来的发展潜力不可小觑。

在马尔海姆村的项目完成之后，Solar Complex公司也确立了"每年建成一个像马尔海姆村一样的生物质能能源村"的目标。同此目标类似的村也相继诞生。例如2008年利浦斯洛伊特村（Lippertsreute）、2009年史拉特村（Schlatt）和朗德格村（Randegg）、2010年劳滕巴赫村（Lautenbach）、2011年麦斯克什市（Messkirch）和韦德丁根村（Weiterdingen），以及2012年还在规划中的布辛根村（Buesingen）项目。

打破人们思维的壁垒

对可再生能源质疑和批评的声音一直存在。例如,"生物质能是不是只能在农村用?""太阳能发电的初期设备投资过高且占用土地""风力发电有景观自然保护等问题""水力也……"等。对于以上问题,穆勒经理反驳道:"单单考虑一种可再生能源是没有意义的。我们需要的是所有的可再生能源,生物质能、风力、太阳能与水力。首先要把它们都组合才有意义。"

对于已经习惯只依赖两到三种能源来生活的现代人来说,可能也习惯了A或B、白或黑这样单纯片面的思维方式,总是希望仅仅通过一种途径就把问题解决。化石燃料、核能一般都是通过一座大型设施来集中供能,但是这并不是可再生能源的发展方向。可再生能源需要的是小规模、分散式的供能方式。不是只有A或只有B的思维方式,而是这个区域用A与C,另一个区域主要由D来供能,B作为辅助。上升到区域或国家尺度的话,就是A、B、C、D都会需要,我们寻求的是灵活多变的、复合型的考虑问题的方式。如果我们转换思维,将类似的复合型理念用到可再生能源的混合上,而后将它迅速推广传播开来的话,应该可能成为促进可再生能源发展的一把钥匙。

Solar Complex公司目前把"至2030年,地区大部分能耗通过可再生能源来提供"作为目标。虽然这是一个很有野心的目标,但穆勒经理坚定说道:"无论是从技术,还是从经济上来说,都是非常有可能实现的。其中最重要,也是最困难的是打破人们传统思维的壁垒"。

让我们来看一看Solar Complex公司为了实现这个目标是怎样做的。"我们公司并没有辩论专家或者workshop(小组讨论)专家。我们只是不断地出去,脚踏实地进行项目推广活动。"穆勒经理如是说。穆勒经理本人亦是,自从公司设立以来,平均每周两次深入到基层地区进行推广演讲,每周六还向市民和游客提供免费参观学习可再生能源设施的机会。"最重要的一点是不断地重复同样的事情,对相同的疑问不断地耐心回答。同时,也要让大家亲眼看看那些成功的案例。最后所需要的就是自始至终把这些事情坚持下来。"

　　最初，当穆勒与他的朋友提出想要一同创立Solar Complex公司这个想法的时候，有不少人抱以嘲笑，他们说这样的想法是不可能实现的。但是穆勒说："我们要做，并且这是可行的"，之后他就着手开始干了。就这样，基于对将来的期望以及坚定的信念，最后得到了丰硕的成果。公司将地区内的资金投资于本地，然后转化为地区的能源。不仅为当地创造出了就业机会，还促进了地区内的经济循环。现在，公司的名号在德国已经十分响亮，他们举办的活动和完成的项目与也得到了很高的评价。

（池田宪昭）

数据

马尔海姆村

　　人口：430人
　　面积：20km^2
　　标高：650~700m
　　产业：农业、林业
　　能源自立度：电力900%、热能80%以上

Solar Complex公司

　　公司业务：可再生能源设施的建设、管理、普及活动
　　出资人数：700人
　　资本金：824万欧元
　　公司人数：12人
　　目标：至2030年实现博登湖北部地区电力、热能的100%可再生能源供给

链接

　　马尔海姆村：www.immendingen.de/servlet/PB/menu/1223067_l1/index.html
　　Solar Complex：www.solarcomplex.de
　　生物质能能源村：www.bioenergiedorf-mauenheim.de

❸ 弗莱阿姆特村

可再生能源事业支援农家,带活全村

Freiamt

照片:村内醒目的太阳能电池板(摄影:泷川薰)

在德国著名的"环境之都"弗赖堡市东北部20km，黑森林（Schwarzwald）的中西南部，有个名叫弗莱阿姆特（Freiamt）、人口约4300人的村落。在点缀着牧草地与森林的连绵丘陵中，宁静地坐落着红色、黄色屋顶的各式民居。这也是黑森林地区典型的农村景观。村落的面积约521km^2，其中一半是森林，剩下的大部分是牧草地。当地的传统产业有畜牧业、林业、观光业。不过最近，可再生能源作为当地的一项重要产业正在飞速地发展成长。

Freiamt的"Fly"取意"自由"。名字起源于中世纪该村"自由的农民"。欧洲中世纪时期，按照传统的"庄园制度"，庄园主（地主）会把土地交给农民耕种，但农民每年必须上缴大量的年贡。在弗莱阿姆特村，农民们可以获得面积更大的土地，并且可以世代继承土地的权利，还可以不向庄园主交纳年贡。这个特殊的制度曾在弗莱阿姆特村实行过，所以有弗莱阿姆特村的农民是"自由"的这一说法。这种传统依旧保留到了现在，在弗莱阿姆特村，不依赖于他人、独立性强的村民居多。这些村民对于自己日常生活所必需的能源也是持这样的态度，他们不愿意依赖化石燃料与核能，希望通过自己的生产来满足能源需求。

弗莱阿姆特村现在由可再生能源供给着村民生产生活所需的大部分能源。以"自由的农民"为中心，很多村民都变成了小型可再生能源设施的投资者或生产者。目前通过太阳辐射、太阳能热能、生物沼气、木质生物质能、风力、小水力发电等生产能源。通过这些市民集资的小型项目积累，弗莱阿姆特村实现了电力的自给自足。

从畜牧业到"生物沼气业"的转换

首先在这里介绍生产生物沼气能源的农家雷博德（Reinbold）。雷博德家世世代代在弗莱阿姆特村靠耕种土地维持生计，几年前也只是养了100头牛、350头猪的普通奶农家。他们拥有牧草地和田地，用生产的牧草、谷物、玉米等养牛、养猪。但是，1990年代末的"疯牛病"使得牛肉价格大幅下落，牛奶的价格也因各种原因下降，雷博德家的经营曾一度十分困难。

2003年，雷博德家的儿子到了继承祖上产业的年纪，为了能继续耕种祖先传下来的土地，他做了一个重大决定。他变卖了家里所有的牛和猪，然后用这些钱（约70万欧元），投资建设了一座容量约为340kW的生物沼气发电设施。之前被当作动物饲料的牧草、谷物等都与附近农家运来的粪尿一起储存在一个大型储蓄罐里，发酵后产生沼气，通过燃烧沼气带动发电机发电。发酵后的粪尿、谷物、牧草的固态残余物又以肥料的形式返还到田地和牧草地里。因为这些肥料已经发酵过产生了沼气，所以气味很小。这个生物沼气发电设施每年产出约100万kWh电力，全部销售给当地电力公司。其电力收购价格约为10欧分/kWh，由德国的《可再生能源法》保证。所以雷博德家一年电力销售的收入可达10万欧元。

照片1：从畜牧业转换到生物沼气业的雷博德夫人（提供：高野祥一/SAGA DESIGN SEEDS公司）

雷博德家的发电设施同时也在利用发电的余热。余热通过地下管道被送到包括雷博德家在内的、签有供热合约的附近19个家庭和健身中心，还将热能供应给小学用于供暖与热水。大型储蓄罐、泵、管道配置费用以及建设施工费用都是雷博德家从银行贷款、自己投资建设的。虽然投资额高达数千万日元，不过这些钱还是通过热能的销售在逐步回收。无论是电力销售还是余热销售，当初的投资预计可在13至15年后全部回收。

雷博德说道："这个生物沼气设施与牛、猪一样都是吃牧草和谷物的"。以前，雷博德家是用田地、牧草地长出的农作物喂养牛和猪，收入也来自牛奶和肉的销售，但如今生物沼气设施代替了牛和猪，靠能源生产作为主要收入。雷博德夫人（照片1）十分满足地说："这样就可以继续安心地耕种农地了。虽然这是一大笔投资，但经济效益比起以前变得更好了"。几年之后，雷博德两夫妇将完全退休，他们的儿子会继承这个事业。

欧洲农业的恶性循环

在石油价格不断高涨、农作物生产耗能不断增加的大背景之下，开始了"能让食物转变为能源吗"的讨论。但此举是否会加速食物供应困难的悬念依旧存在。在德国，平原地区广大的土地生产着谷物与牧草，虽然也有白白浪费掉余热不加以利用的情况，但可以让这些谷物和牧草被比雷博德家大十倍以上的生物沼气发电设施"吃掉"（消费掉）。不过，这种方式也因为"造成了食物价格的升高"以及"80%的能源以热能的形式被浪费掉，利用率低下"等原因受到批判。

但雷博德家的情况是能源的一半原料来自畜牧的废弃物——牛和猪的粪尿，还有自家土地产出的玉米与牧草等动物饲料。海拔700m的地方气温低，原本栽培可供人食用的玉米和谷物就十分困难，因而喂养肉牛和猪就变得更加困难。所以，他们从饲养需要玉米和谷物喂养的动物转为培育成千上万的发酵细菌（bacteria），这样，肉的生产就转为能源的生产。

欧洲的农业在第二次世界大战后一直受"过剩生产"的困扰。农作物因为市场供给过剩而变得廉价，农家的经营状况也是一年不如一年。为了维持经营，农民必须使生产变得集约化、效率化、规模化。但这样做反而加剧了市场过剩。为此农家又必须扩大生产规模。欧洲农业从1960年代起就一直在重复着这样的恶性循环，尤其是畜牧业。虽然欧盟于1992年起投入了大量的预算和资金对环境负荷小的农业生产利用相关农业补助的政策进行扶持，其根本还是希望通过促进粗放农业来减少农作物的生产量。对于那些被牛奶供应过剩及肉价低廉等不利条件困扰的畜牧农家来说，为了更长久地继续耕种祖传农地，投身能源业会是一个有力的替代方案。

用退休金投资太阳能发电设施

下面介绍奶农施耐德家（Schneider）。弗莱阿姆特村拥有施林格博格（Schillingerberg）地区50hm^{2}的牧草地与30hm^{2}的森林，以畜牧业和林业为主。近10年来，牛奶价格的低下导致奶农的经营状况愈发严峻，因此，他们也通过活用可再生能源来辅助维持经营。

首先，在2003年，施耐德家为家中的供暖及热水供应设置了木质碎屑的锅炉。虽然花去2.5万欧元，但三分之一的资金来自于促进可再生能源的补助金。

木质碎屑是由自家森林里采伐的剩余木材制成的。他们把那些连最差品质的纸浆和碎料板都无法制作的剩余木材（树冠或腐烂的部分）打碎成可燃烧的木片。施耐德家在冬季采伐结束后，将剩余的木材堆积在林道两边，干燥至夏季。而后找来移动式削片机，将那些堆积的木材木片化。施耐德家每年大约需要100 m^3的木片，而木材木片化的费用仅仅需要300欧元。如果把100 m^3的木片换算成石油的话，大约为6000升，价值约5000欧元。也就是说，施耐德家每年可节约大约4700欧元。而且，自家没有办法用完的多余木片，还能以18欧元/m^3的价格卖给需要的人。

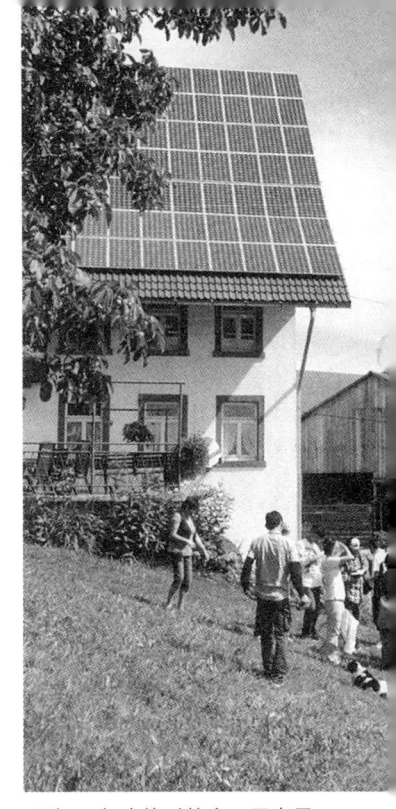

照片2：奶农施耐德家。巨大屋顶上设置的"代替退休金"的太阳能电池板（提供：高野祥一/SAGA DESIGN SEEDS公司）

施耐德家利用自家主屋、牛棚以及农机仓库的巨大屋顶，投资修建了太阳能电池板（照片2）。三个屋顶现在设置了共计80kWp的太阳能电池板，每年大约产出8万kWh的电力，然后卖出。设备的总投资约为5万欧元。1kWh电力的收购价格约0.5欧元，所以他家一年卖电的收入约有4.5万欧元。施耐德夫人说："这个太阳能发电设施是我们夫妇俩的退休金"。

在20年间，电价享有以固定价格收购的政策保障，并且几乎不花费维护费用。最初的设备投资是从银行贷款的，所以必须在数年内还清，不过即使算上从银行贷款的利息，这些投资成本也可以在12至15年内还清。之后电力销售的收入就真真切切的是施耐德两夫妇的退休金了。

由142人出资修建的"市民风车"

施耐德家海拔700m的牧场,有两座2001年投入运营的大型风车(照片3)。两座风车都是德国ENERCON公司制造,功率1.8MW,风车支柱高85m,扇叶直径70m,两座风车每年的发电量共约570万kWh。这些电力大约相当于1900个家庭一年的耗电量。

这两台大型风车是由弗莱阿姆特村及周边地区的142位市民共同出资建造的。两座风车的建设投资额共计约530万欧元,其中的三分之一由市民共同出资,剩下的三分之二从银行贷款而来。每人的投资额大约5000至20000欧元。投资的市民可以从电力销售的利润中得到与其投资比例相当的分红。目前为止,平均每年有占投资额6%的分红返还到投资市民的手中,施耐德家也是142名市民中的一员。同时,土地的租金也成了施耐德家的收入来源之一。

弗莱阿姆特村两座风车的建设,最初是包括施耐德家在内的几个农户和村民的主意,当时村议会也非常支持这个提议。由村议会中积极推进可再生能源利用的安·里莫(Ernst Reimer)牵头,于1997年成立了NPO组织"弗莱阿姆特风力发电促进协会"。

因为风车的建设必须得到州政府相关部门的批准,且需要在综合考虑自然保护、景观、噪声(距居民的最短距离)等方面之后进行选址。同时,为了保证风力发电的效率与经济性,还需具备一定的风速条件。虽然自然景观保护、噪声等条件可以得到满足,但在当时,并没有相关的风速资料和数据。当时

照片3:施耐德家牧场内所建的市民风车
(提供:高野祥一/SAGA DESIGN SEEDS公司)

巴登·符腾堡州对风力发电的态度并不积极,所以对于弗莱阿姆特村设置风车的风速条件持怀疑态度。但如果只是一味地等待政府行政部门的响应,风车的建设不知道要拖到什么时候。

于是,弗莱阿姆特村风力发电促进协会从会员手里集资,购买了风速计,用施耐德家砍下的针叶树树干作为支柱,安装了风速计,开始了为期两年的风速实测前期调查。最终得到了完全超出会员们预想的风速结果。于是,他们拿着这些实测数据,向州政府的相关部门提交了建设两座风车的申请,最终成功地获得了风车的建设许可。

当初处理市民共同投资的是弗赖堡市FESA有限公司。该公司与从1997年起以弗赖堡市及周边地区为中心、一直进行可再生能源利用促进与宣传活动的FESA协会是姐妹公司。公司主要提供太阳能发电、风力发电、生物质能发电/产热的市民投资项目的专业顾问业务。

在建设两座风车前,通过新闻、宣传册、书信等方式,对弗莱阿姆特村村民以及周边的市民进行了宣传,并举办了数次宣讲会,此后立即募集到了市民投资者。在142名市民投资者中,接近50人是弗莱阿姆特村的村民。风力发电的日常运营则交由共同投资者出资建立的"弗莱阿姆特村风力发电有限公司"来管理。

2004年,在之前建成的两座风车附近,村里又建了两座相同大小、由ENERCON公司制造的风车。而后,2011年8月,又追加建设了一座比之前4座风车更大的风车。这座风车也是ENERCON公司制造,支柱120m高,扇叶直径82m,发电功率2.3MW。它将于2011年10月开始运营发电,预计年发电量将达到450万kWh,比2001年建设的两台1.8MW风车的年发电量总和略少一些。这座2.3MW大型风车的建设投资额为370万欧元。此次投资共由193人完成,在2001年142人的基础上又新增了51人,投资额占总投资额的三分之一。与前一次相同,剩下的三分之二通过地方银行融资获得。

居民倡议改变能源行政

弗莱阿姆特村的主要可再生能源设施是5座大型风车,总功率为9.7MW,年发电量约为1850万kWh。仅此一项,就已经超过了弗莱阿姆特村的年耗电量1200万kWh。在生物质能发电方面,除了上面介绍的雷博德家容量为340kW的设施之外,还有在另一处畜牧农家运营的容量为190kW的发电设施,以上两个生物质能发电设施的年发电量为150万kWh。村里200户以上农家的屋顶上都设置了发电容量为2600kWp的太阳能发电机。还有数十年前就一直运行的制材厂和面包屋等都拥有小型水力发电设施。

热能方面,雷博德家生物沼气发电设施每年的余热利用量在100万kWh以上,这些余热都被附近的其他居民、学校、体育健身中心等有效利用。像施耐德家的木质碎屑、木质颗粒等原料,还有地热泵等的利用也在增加,因为这些能源数据没有向村里报告的义务,所以无法统计。就目前了解到的情况来看,已经有150户家庭在屋顶安装了太阳能热水器,用于供暖和热水供应,因为也没有向村里报告的义务,所以无法准确统计。

以施耐德家为代表的牧农,因为需要将刚挤出的35℃左右的牛奶降温至牛奶加工场所需的4℃,于是他们利用降温过程中产生的热量,通过简易的热交换机来供应温水。这些温水大部分被榨奶机使用,剩余部分就供应给各个家庭用于日常生活。虽然不知这样的能源能否被定义为可再生能源,但不可否认的是,类似的有效利用,降低了人们对化石燃料的依赖。

电力方面,弗莱阿姆特村通过村民自发建设的可再生能源项目,生产了相当于家庭及工业耗电总量两倍的电力。热能方面,虽然没有来自官方的具体统计数据,但目前应该还未达到热能100%自给自足的程度。

弗莱阿姆特村今后将以"促进木质生物质能供热,对公共、民间建筑进行低能耗节能建筑物的改建"为目标进行发展。

2011年11月,弗莱阿姆特村的女村长汉娜萝蕾·雷茵霍尔德·蒙奇(Hannelore Reinhold Mönch)在当地报刊的采访中说道:"我们希望保持并扩大电力自给自足的比例。在节能方面,我们希望20年后村里一半的建筑都能成为被动节能房。可能的话,也希望村内交通都可以使用电动车或电动自行车"。

这里要强调的是,弗莱阿姆特村的可再生能源事业最初的发起者不是官方或者行政部门,而是当地居民。当然,对于居民们的意愿,村议会及行政部门也给予了积极有力的支持。

与福岛饭馆村(3·11大地震受灾地)中学生的交流活动

2011年8月8日至16日,日本福岛县饭馆村仍然处于全村避难的状态,来自该村的18名中学生与10名成年人,访问了德国西南部的黑森林地区和弗赖堡地区。笔者担任了此次兼具学习和旅行交流活动的联络人和导游。这次他们也参观了上面介绍的弗莱阿姆特村的可再生能源设施。

饭馆村和弗莱阿姆特村的景色、产业结构都十分相似,所以参观者们倍感亲切,兴致勃勃地参观了面向未来的市民能源设施(照片4)。但是,让笔者最为感动和开心的,还是饭馆村的少年们开心地与当地小朋友交流,与农家的马、小狗、小猫亲切接触的场景,还有他们在广阔的牧草场、森林中自由地不受束缚地玩耍的景象。此次交流活动被命名为"未来之翼",对于肩负着未来的孩子们,我们希望能传达给他们迎难而上、迎接未来的勇气与毅力以及对未来的美

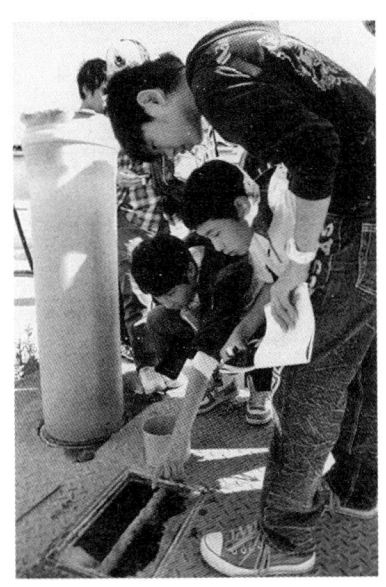

照片4:兴致勃勃参观雷博德家生物沼气罐的饭馆村中学生们(提供:高野祥一/SAGA DESIGN SEEDS公司)

第二章 德国

好憧憬。

　　福岛第一核电站事故也给德国带来了极大的影响。国家的核能发电政策改变，弗莱阿姆特村所在的巴登·符腾堡州，在福岛第一核电站事故之后的两周举行了州议员的选举，也将之前执政的天主教民主同盟与自由党换选为绿党与社会民主党的共同政权。之前较为支持核能的保守政权在当政期间，虽然采取了抑制风力发电的政策，但在新政权上任后，计划大力、快速地促进风力发电的发展。所以，未来像弗莱阿姆特村一样的自治体，应该会越来越多吧。

（池田宪昭）

数据
弗莱阿姆特村
　　人口：4300人
　　面积：52km^2
　　标高：300~750m
　　产业：农业、林业、观光业、手工业、能源业
　　能源自立度：电力约200%
　　目标：普及建筑物节能，可持续的热能供给

链接
　　弗莱阿姆特村:www.freiamt.de

❹ 蒙巴赫镇

前美军用地"变身"可再生能源公园

Morbach

照片:从海因茨拉特村远眺风能景观公园。村落与公园相距800m以上(摄影:Fritz Wassmann)

莱茵兰·普法尔茨州（Rheinland-Pfalz）位于德国西南部。从州首府美因茨（Mainz）出发，向西开车约两小时，就可以到达位于山区农村地带的蒙巴赫镇（Morbach）。镇的北部横跨海拔700~800m的萨尔·亨萨克自然公园（Saar-Hunsrück）。周边分布着广袤的森林，从丘陵之间可以远望零星散布的风力景观公园。这是一个有着丰富森林资源与风力资源的地区。

蒙巴赫镇是一个由19个村落组成，人口约1.1万人的自治体。其行政与城市机能主要集中于蒙巴赫中心区域。镇内最大的雇主是欧洲中世纪最大的包装工厂，雇有约1200名员工。其他的主要产业包括农业、林业、制材建材工厂、机械制造、观光业等。

冷战时期，亨萨克山地（Hunsrück）之中，多建有NATO（North Atlantic Treaty Organization，北大西洋公约组织）和美军设施等，为当地的就业创造了不少机会。蒙巴赫也在1957年至1995年间，修建了欧洲中部最大的美国空军炸弹保管所。保管所位于离蒙巴赫中心区域两公里外的山丘地上，占据了南部斜面146hm^{2}的土地。保管所内的土地由144处小型保管库分开来，均被缓坡堤覆盖隐藏，各个小型保管库通过长达19km的所内道路连接，如此独立奇妙的景观依然保留至今。

1995年，当这片土地被归还给蒙巴赫镇政府时，曾提出过各种再开发方案和想法。最初建设娱乐性公园的方案曾被选中，但最终还是因为无法找到投资者，导致该项目在2000年搁浅。德国于同年开始实施全面改定后的《可再生能源法》，这成为蒙巴赫转变的契机。

风能恩泽当地居民

《可再生能源法》制定的"固定价格收购制度"带动了全德国风车建设的繁荣发展。2000年，蒙巴赫打算投资风力发电设施的投资者们和部分农户签约了土地租赁合同，但这也引发了与居民之间的矛盾。规划中的风车，因为无法给周边农户和居民带来直接经济利益，反受其遮阳、噪声等问题的困扰，导致周边房价下降。

通常，风车的适建地是通过州一级的区域规划来决定的。但当时莱茵

照片1：蒙巴赫建设局的米歇尔·格雷（摄影：Fritz Wassmann）

照片2：结合了风力、太阳能发电的可再生能源公园（摄影：Fritz Wassmann）

兰·普法尔茨州的风力开发投资者们以"区域规划中的风力发电方针不当"为理由提起上诉，并最终胜诉，导致此区域规划无效。

"于是，蒙巴赫镇为了避免风车的盲目设置，在区域内颁布了风力发电设施建设的停止令。继而由政府出面，选择建设风车的适宜地并决定首先要建立一个风力公园。综合考虑距自然保护区、居住区、文物建筑物距离和各种规划限制后，选出了风车的适建地。例如必须与居住区保持800m以上的距离，并有足够的风力条件等"，就职于蒙巴赫建设局的米歇尔·格雷（Michael Gral）如是说（照片1）。格雷是区域开发规划、自然景观保护专家，当时还担任可再生能源项目的主管。

如此，在调查了满足以上各种限制条件的备选地之后，最后明确炸弹保管所是风能开发的适宜地。于是，在2001年政府提出了把此地建设成风能和太阳能公园的想法（照片2）。

"因为是占用政府的土地，所以不存在个人利益分配的争端。收益直接由自治体获得，所以在某种意义上是将这些收益均等地返还给了市民"，格雷说。

同年，蒙巴赫近郊的特里尔大学（Universität Trier）的应用资源循环管理研究所（IfaS），举办了第一届生物质能能源峰会。建设局的米歇尔·格雷也参加了这次会议,他意识到不应该只考虑风力、太阳能这些能源,建立起区域生物质资源循环,为当地提供就业机会的区域综合性构想也十分重要。从那时起,该研究所在蒙巴赫可再生能源项目中担任了重要的中立顾问角色。

向居民坦诚、真挚地解说

自项目开始,政府就通过说明会和媒体积极地对居民进行宣传和信息提供。同时还制作了准确反映风车建成后的模拟图片,将气象观测气球上升至风车建设预定高度,向居民展示景观的变化以及各家各户对风车的可视性。通过以上手段向居民简单易懂地传达了相关信息。

"虽然当地唯一的酒店业主对项目建设后可能导致的游客减少有过担心,但因为当时欧洲还没有类似的综合可再生能源公园。所以最后我们还是说服了他们,得到了他们的理解,让他们相信这个公园能够成为当地的观光资源",格雷说。

当时热心地推进该项目的镇长格里哥·艾维斯(Gregor Ives),得到了行政和议会、全政党对此项目的认可。而后将项目的"优缺点"作为礼物送给了居民。因为有过反复仔细的沟通,所以在变更土地使用规划的公听会上,居民没有提出任何反对意见。就这样,这个原美军军事用地就变成了能源公园特别产业区。

镇上给合作企业开出的条件

首次应对这种局面的蒙巴赫,为了实现这个项目,寻找过投资企业。

"IfaS研究所的所长皮特·海克教授(Peter Heck)曾警告过,无论中间牵涉了多少投资者,一定要注意把资金留在当地",格雷说。

所以,在遵循"为当地创造价值"观点的基础上,蒙巴赫对前来应征的企业开出了如下的条件:

1. 尽可能多地使用风力与太阳能发电;
2. 居民可参与资金投资;

3. 生物沼气的电力与热能利用；

4. 项目建设交予当地企业；

5. 优秀的综合性理念；

6. 提供土地租赁金预算。

在充分考虑以上条件后，在众多前来应征的企业里选择了JUWI公司（参照第七章第2节，专栏2）。

格雷说："虽然与其他公司相比JUWI公司提供的租金不是最高的，但是他们的方案有最优秀、最具有综合开发性的理念"。这个方案在考虑创造当地价值的同时，也提出了相当有野心的未来可再生能源增产目标。

JUWI公司是以同州为据点，建设运营可再生能源特种设备的公司。当时，JUWI公司仅有30人，现如今已发展到了1500人。从JUWI公司的发展历程，也可以窥见德国在这10年间可再生能源产业的发展情况。

蒙巴赫的能源景观

在蒙巴赫，由当地政府、IfaS研究所、JUWI公司组成的工作团队，完成了能源公园的总体规划。公园被冠名"Energy Landshaft Morbach"（蒙巴赫能源景观）（照片3）。"Landshaft"在德语里为"风景、景观"之意。公园于2002年开始建设，2003年开园，现在主要有以下设施。

照片3：从空中俯瞰公园，白色区域为以前的炸弹保存处遗址（©JUWI公司）

JUWI公司负责设备的设计、资金募集、建设运营。项目建设的时候，镇里的相关经验比较匮乏，做出了投资风险过高的判断，所以当时镇里没有对这个项目进行任何投资。

1. 风力发电

2002至2003年间，沿项目地北、西、东边设置了14座功率为2MW的风车，每年发电总量约40~45GWh。其中的一座为市民风车，是由当地居民共同投资成立的公司投资兴建的。目前，JUWI公司计划用更大功率的风车进行替换。在2011年又设置了风电驱动的制造甲烷的小型设备，并成功进行了试运行。今后，如果能将小规模甲烷制造推广到工业化生产，风力发电的剩余电力就可以以燃气的形式进行蓄电了。

2. 太阳能发电

在项目地中央和南部道路与土垒的围合区域（原炸弹仓库遗址）之中，设置了功率约为2MW的太阳能电池板。以2002年设置4000m^2，2008年设置6000m^2，2011年设置10000m^2的速度递增。设施的特点是组合了各种类型和不同制造商的元件和变频器、支架系统和屋顶材料。十分有趣的是，为了管理设备周边的草地，镇里还与当地的牧羊公司签下合约，允许利用公园内的草地进行放牧。

3. 生物沼气·热电联产

2006年，项目地内安装了生物沼气发酵炉和生物质沼气热电联产系统，发电功率为500kW，年发电量为3.8GWh，产热量为5GWh。热能全部提供给邻近的木材制造厂。投资者包括发电站的建设公司Eco Bit公司和JUWI公司。发酵原料从当地15户农家获取，包括家畜粪尿、玉米，还有谷物、牧草等。发酵后的残渣等又作为肥料返还到田地里。

最初，农户和能源公司之间并未达成共识，经过镇长和格雷的协调，双方最终才达成一致。虽然提供了让农户出资参与投资的选项，但最终农户们还是没有出资的意愿。

蒙巴赫和JUWI公司已经开始共同推进新型环保发酵资源的开发计

划。例如对当地自然保护区的草原与湿地管理维护时产生的杂草进行再利用，于2012年在公园周边的农地上栽培芒草、罗兰草等菊科大型多年草本植物等生物质能资源。

照片4：货车从木质颗粒工厂的储蓄罐里运出木质颗粒。后方是生物沼气热电联产设施（©JUWI）

4. 木质颗粒工厂

为了利用热电联产系统产生的热能，JUWI公司在生物质沼气设施旁建设了木质颗粒工厂（照片4）。把在当地制材厂得到的木屑、锯末等，经过干燥、压缩工序之后，制造出木质颗粒固体燃料。因为生物沼气电力的收购价格有额外的优惠，所以对于JUWI公司来说，废热利用也十分重要。2008年，因为废热不足以支持干燥的热能消耗，于是又引进了740kW的木质碎屑锅炉。因为生产木质颗粒的电力是直接从旁边的风力发电场引进的，不需花费架设输电网的成本，所以电力价格要比从普通电力公司购买更便宜。这些木质颗粒直接在80km半径以内的地区销售，形成了区域内燃料"自产自销"的产业链。

目前木质颗粒的年生产量约1万吨，预计将来会增加至两万吨。但为了增产，有必要同时增强干燥热源也是必要的。所以，JUWI公司目前正在规划建设木质生物质能发电设施，计划利用生物质能发电的废热来支持木质碎屑的生产。

聚集环境产业与游客的观光公园

蒙巴赫将公园其中一部分指定为产业研究、教育、休闲等用途。希望把从事环境技术、生物质能、废热利用等业务的企业吸引过来。公园入口的管理大楼是由原美军的一个小型建筑物改造而来，销售木质生物

第二章 德国

质能锅炉的公司在这里设置了展示室。这里还作为游客接待中心和学习中心在使用。

自2003年以来,有70多个国家的近3万人到此参观学习过。到2011年10月共有6000人来访。为了强化这一观光资源,蒙巴赫把公园内之前的军事掩体整改后,建成了两座博物馆。一个以气候变动与能源为主题,另一个以冷战历史为主题。

"虽说下一场战争是资源的战争,但我们可以通过可再生能源来避免。这也是我们的主旨",格雷说。

通过Energy Landshaft(能源景观)公园项目,政府获得的直接收入有公司的土地租金和项目税。土地租金每年35万欧元,项目税至招商后10年的2012年开始征收,这也间接增加了从本地企业那里得来的税收。5500万欧元设备投资的一部分由当地开发建设商承担。这样,农户、制材业、观光业都从这个公园项目中获得了一定的经济利益。

2020年实现电力热能均100%由可再生能源提供

Energy Landshaft公园每年绿色电力为55GWh,热能为10.5GWh。蒙巴赫共有4400个家庭,公园项目的发电量却相当于1.5万个家庭的使用量。如果除去年耗能140GWh的巨大包装工场,即使算入工业耗电量,蒙巴赫也可以在1~2年后实现电力自给自足。如果第二个风力公园顺利建成的话,就可以覆盖对包装工厂的电力供给。

但蒙巴赫的能源政策并没有止步于Energy Landshaft公园。2008年,蒙巴赫议会通过了"能源目标规划2020"的决议,其目标是在2020年之前,实现100%由可再生能源供给电力与热能。同时,减少50%的二氧化碳排放量(与2000年相比)。为了实现这个目标,蒙巴赫对各领域的行动规划及规划实施的时间等都做出了相应规定。不仅局限在电力供应方面,还包括工业、建筑等领域。

蒙巴赫将如何推行热能领域的规划呢?首先,镇计划将政府办公楼、学校、博物馆等公共建筑的热能供给,改为由木质颗粒锅炉和地热等可再生能源提供。同时在国家级建筑物节能改造补助金的基础上，追加了蒙巴赫自治体的补助，此举获得了居民的极大响应。作为下一个需要解决的课题，目前正在商讨小规模分散型地域供暖网的建设。

将7MW的大型风车建在山上？

如上所述，蒙巴赫所在的莱茵兰·普法尔茨州（Rheinland-Pfalz），确定了于2030年前实现电力100%由可再生能源供给的目标。能源供给主要由风力承担，目标是2020年前达到相当于目前供电能力5倍。2011年6月末，州里1125座风车（总功率1500MW）供给的电力达到消费量的8.5%。为此，州放宽了区域规划对风力设施设置的规定，将那些原则上不允许建设大型风车的地区尽可能地减少，而其他地区可根据自治体的具体情况决定。因此，以前不允许建设大型风车的森林地带、自然公园、景观保护区等，现在也变得可能了。

在此大背景下，蒙巴赫将在今后的数年里与JUWI公司合作，计划在洪斯吕克山脉（Hunsrück），标高700m的地方建设第二个风力公园。因为这一带风力状况特别好，预测可以建设220m高、功率为7MW的最新大型风车。但因为地处森林地带，又是自然公园核心地区，今后将进行环境评估，预估风车建成后对生态、景观方面的影响。

如果15座大型风车可以按计划顺利建成的话，这个风力公园每年将提供250GWh电力，成为蒙巴赫首要的电力产出地区。格雷说镇里同时也在考虑将新型的商业模式导入到这个风力公园开发中来。

作为付给镇政府土地租金的替代品，由风车产出的电力不仅将利用"固定价格收购制度"进行销售，一部分电还会以更低廉的价格提供给蒙巴赫镇。而这部分电力将以蒙巴赫自治体的名义卖给当地居民和企业。通过这种新型模式，可以提供比市场价格便宜很多的电力，使得大规模工场也买得起可再生电力，对于本地企业来说也是一个有利的条件。

自治体应有相应战略来应对"固定价格收购制度"

在电力供给方面,仅仅10年,蒙巴赫就取得了多项成果,但在热能、交通领域能源自给自足方面,还有很长的路要走。蒙巴赫在可再生能源增产、居民参与、提高支持度、最大化创造地区价值,以及与能源公司进行良好合作等方面,是日本可以借鉴的。

2012年夏,日本的可再生电力"固定价格收购制度"开始实行,应该会发生与蒙巴赫10年前类似的状况。可以利用可再生能源丰富这一地区优势吸引投资者。不过,在此之前,日本的市町村自治体应该建立起明确的战略和规划,让可再生能源能为当地居民和社会持续地做出贡献。

(滝川薫)

数据

蒙巴赫镇

人口:1.1万人(19个村)
面积:121km^2
标高:430~770m
产业:包装业、农业、林业、制材业、观光等
能源自立度:除包装工厂以外的工业、家庭用电为75%;含包装工厂情况为25%
目标:于2020年实现电力、热能100%由可再生能源供给

链接

蒙巴赫 Energy Landshaft(能源景观):www.energielandschaft.de

❺ 弗莱堡市

由"反核能运动"开启的能源自给之路

Freiburg im Breisgau

照片：俯瞰弗莱堡市住宅区（城中山上拍摄）

德国西南部的弗莱堡市是拥有约22万人口的"学院都市"。弗莱堡大学的历史可以追溯到日本的室町时代（1338~1573年），拥有学生2.3万人，教职员8000人。大学附属医院是该地区最大的雇主，拥有从业人员约1万人。市政府职员（含兼职）共3500人，除此之外，市营企业、第三产业、州政府外源机构，还有研究机构、国家机关等公共机关共提供了7000人的行政职员就业机会。市内服务业共计提供8.5万人的就业机会，弗莱堡市是名副其实的由第三产业支撑起来的城市。

弗莱堡市位于森林资源丰富的黑森林（Schwarzwald）的一角。在1.5万hm^2的市域面积之中，建设用地（住宅、产业、交通等）被控制在4800hm^2以内，占总市域面积的30%左右，是严格控制城市规划用地的紧凑型模范城市。弗莱堡的气候在德国算是最温暖的，年平均日照时间达1740小时，年平均气温9.7℃。从市内海拔为196m的莱茵平原到位于黑森林海拔1284m的斯兰山（Schauinsland），有1000m以上的高差，所以温差、雨量（年平均降雨量955mm）也因为位置的不同有很大的差别。2003年欧洲酷暑的时候，曾有过最高40.2℃的纪录，也有过2009年冬季-19.9℃的最低气温记录，所以弗莱堡市是一个温差很大的地区。

切尔诺贝利核电站事故后的能源政策

将弗莱堡市的能源政策改变成今天模样的是经年不衰的反核电运动。最终导致无核电政策的契机是切尔诺贝利核电站事故。1970年代弗莱堡市民就曾在近郊农村发起过对建设核电站的强硬反对运动，一直坚持到项目被取消。因为对1986年4月26日发生的切尔诺贝利事故的恐惧，在事故后一个月举行的市议会上，全会一致通过了弗莱堡市的电力将在不久的将来实现"脱离核电"的决议。

决议的核心理念，弗莱堡市的能源战略可以总结成三点：1.推进节能；2.大力优先使用地域供暖和热电联产；3.推广可再生能源。

推进节能

1986年到现在的25年间,弗莱堡市一贯坚持并贯彻执行了当初的能源战略。下面以节能领域为例做具体介绍。

1. 灯泡大师(Meister Lamp)

在德国,很早之前就开始向各家各户免费发放"节能荧光灯泡",因为灯泡的成本已作为电费的一部分算入,所以对于普通市民来说,是没有额外的经济负担的。类似的,对公共机关以及电力公司而言经济负担为零的名为"灯泡大师"的项目,也于1995年开始实施。项目费用不是通过税收,而是通过电价的微量上调来实现平衡。电力公司率先开展节能,而后通过微量上调电价来补贴项目成本及电力销售量的减少,这种方式就是弗莱堡市率先开展的(后文将介绍弗莱堡市的电力公社)。

2. "50 = 50"

弗莱堡市内36所中小学参加的"50=50"项目,也是众多德国自治体的模范项目之一。该项目通过向各个学校派遣能源和交流专家顾问,向孩子们进行节能教育,并在各个班级选出节能委员,自发地开展各项节能对策。而后计算出过去三年里水电热能的平均费用,经由节能项目节省下来的费用的50%,会以学校课外活动赞助费的形式由自治体拨发给各校。这笔资金可由学校自由支配,有的学校将这笔钱继续投到学校的节能活动中,以求在来年获得更多的活动赞助费,也有的学校在远足活动里给孩子们买冰激凌,作为对大家参与节能活动的奖励。"50=50"项目已经走过了15个年头,大多数参与该项目的学校每年都达成了节能10%的目标。而通过节能省下来的另外50%费用则存储在弗莱堡市设立的"节能可再生能源基金"里,用于支持市内各种先锋型项目。

3. 通过预算先行制度实现节能

市政府的各级行政部门每年的财政预算,不是单纯地统计水、电、热能费用，而是在实施了节能政策时，尤其是短、中期节能效果显著时，他们会对今后的节能情况进行预测，调整相应的预算。实施的节能对策包括换用新型节能机器和照明设施，对建筑物隔热、避热进行强化等。诚然，因为预算额是有限的，所以在各部门同时推行节能对策是不太现实的。用这种有弹性的预算编制系统，来进行一些简单易行的节能对策，弗莱堡市议会的态度是非常积极的。其午休时间关灯以及限制加班时间等节能方法与日本类似。

4. 节能建筑物条例与推进公共交通

除了以上的节能对策之外，在城市规划制度方面，弗莱堡实施了《节能建筑条例》，该条例只允许新建比国家规定"节能燃料费标准"（节能政令ENEU）的节能效果还要高出30%~70%的建筑物。同时，为了减少"热岛效应"，还有将新建筑的水平屋顶绿化义务化了的《屋顶绿化条例》等。弗莱堡市实行着欧洲领先的节能对策和条例。这些对策和条例都具有强制性，有着决定市场秩序的力量。

在交通领域，以路面电车为核心的公共交通是绝对优先的。弗莱堡在德国1968年兴起的汽车机动化大浪潮中，例外地坚持了公共交通优先的方针。现在，95%以上的弗莱堡市民在徒步5分钟的半径内就有路面电车或公交站，这样令人惊讶的高公共交通覆盖率一直被弗莱堡市民引以为豪。

自1972年起，弗莱堡就开始推行自行车交通战略，铺设了长达420km的

照片1：1970年代以来，市中心路面电车和步行优先的换乘中心实现重生，市中心热闹繁华的程度在拥有20万人的大城市中算是特例

自行车道,还建设了大量的自行车停车场等。

通过以上努力,市民的出行方式分配率中私家车降到了30%以下(公共交通18%,自行车30%,徒步22%),这个比例对于拥有20万人的大城市来说,是难以想象的低(照片1)。在城市规划方面,以紧凑都市(短距离移动都市)为中心,用商业设施嵌入住宅、步行交通义务化等手段,结合名为《城区、住宅区中心区域活性化规划》的条例,限制郊外大型店进驻,来保持市中心的热闹与繁华。市政府交通规划科的伯纳德·古兹曼(Bernhard Gutzmer)评论道:"最好的交通规划,原本就是不产生交通量的规划方式",这也一语道破了弗莱堡市城市规划的核心理念。

当然,该市的城市规划中,有对建筑物的设计位置、朝向,以及高度的限制,也实施了关于太阳能利用、风通道、空气循环等小气候的环境评估,节能对策在新建建筑之前阶段也做得十分到位。

地域供暖与热电联产

弗莱堡市能源供给的一大特征是地域供暖的绝对优先,以及热电联产系统的活用。1986年后,在新开发与再开发的浪潮之下,市议会决定优先设置地域供暖。同时,地域供暖的热源由热电联产来提供。虽然大部分燃料为天然气,但其中一部分也包括由废弃物填埋产生的甲烷和垃圾回收堆肥后产生的沼气,还有附近林家、市属林提供的生物质能(木质碎屑)等燃料。现在弗莱堡市设有大大小小共166处热电联产设施,合计发电功率为80MW。据统计,电力产量约相当于市内年耗电量的50%,在给市内建筑物和工厂供热的同时,也在高效率地进行发电。

弗莱堡市的人口以每年0.5%的速度增加,市内GDP也随之增加,1992年之后(没有以1990年作为基准年来划分是因为弗莱堡仅在1992年有具备学术利用价值的统计数据,且一直以来都以1992年为基准年划分)仍可以将温室气体排放量减少18.5%(2009年数据)的一大原因,是大力推进了热电联产系统。同时,弗莱堡也达成了人均温室气体排放量减少25.6%的目标。弗莱堡市是充满人气和活力的城市,也是德国少见的预计今后几十年人口会保持增长的城市，但弗莱堡仍把在2030年减少40%的温室气体排放（与1992年相比），在2050年减少95%的温室气体排放作为减排目标。

此外，包括弗莱堡市在内的南莱茵河上游地区也以实现能源自给自足作为目标而共同努力着。人口22万的城市是很难在市域内实现100%由可再生能源供给能耗的目标的，但可以通过与周边农村地区的协作，来提高实现的可能性。弗莱堡市也参加了第一章中提到的"100%可再生能源地区"活动，并且已经开始了如何实现中期目标的讨论。弗莱堡市还参加了巴登·符腾堡州的"二氧化碳中立都市"扶持项目，最迟于2050年实现城市无二氧化碳排放的目标也在讨论中。

可再生能源的推广

可再生能源的推广是弗莱堡市1986年制定的能源战略中的第三大支柱，然而令人遗憾的是，到目前为止我们还不能说已经实现了预定目标。2009年年末，弗莱堡市电力消费量的3.7%是由可再生能源提供的，但还远不及在2004年市议会上提出的"2010年10%的目标"。据调查，理论上弗莱堡市有开发潜力的可再生能源资源所提供的电量，可达到接近市内电力消耗量36%的水平（表1），但今后能在多大程度上开发这些潜力仍值得关注。

表1 弗莱堡市的可再生能源潜力（单位：发电量 GWh/年）

	太阳能发电	风力发电	小型水力发电	生物质能发电	地热发电
2010年目标（所占耗电量比例）	10.0（1.0%）	14.0（1.4%）	2.8（0.3%）	51.2（5.1%）	搁置中（2.2%）
2009年实施量（所占耗电量比例）	12.6（1.2%）	10.2（1.0%）	1.3（0.1%）	13.0（1.3%）	搁置中（0.0%）
最大潜在量（将来所占耗电量比例）	247.0（28.0%）	26.0（3.0%）	2.8（0.3%）	43.4（4.9%）	2015年后再讨论

（出处：弗莱堡市关于实现可再生能源10%目标的市议会决议<G-10/115>）

风力发电

目前市内有5座功率为1.8MW的市民风车。风力发电的进一步开发因遭到支持核能发电的州议会的反对而被取消。风力发电设施的设置,必须遵循作为自治体"土地利用规划"上级规划的州定"区域规划"。这是一项从景观保护、防止乱建发电设施,以及控制对周边居住区负面影响角度制定的国家制度。

但在福岛核电站事故之后,巴登·符腾堡州反对核电的绿党与社会民主党向前迈进了一大步,而后从绿党中选出了新州长。根据新州政府的协议,可以预见今后会大力发展风力发电设施。但是,由于风力与《自然保护法》等条件的限制,市内可设置风车的地方还是有限的。根据调查,最多还可追加建设两座功率为3MW的大型风车,并且得出了"风电潜力的限度约为市内电力消耗量的3%"的结论。

小型水力发电和微型水力发电

2011年,市内共设有11座总容量为700kW的小型水力发电设施。两座位于小溪之上,9座设置于工业用水道上(照片2)。因为在2009年曾发生过缺水的情况,9座小型水力发电设施的发电量虽然止步于市内电力消费量0.1%的水平,但以平均水量估算,这11座小型水力发电设施可以提供市内电力消费量的0.3%。不过,市内仅有一处可供水力发电的河川,即使算上工业用水道,也不具备可利用水位高差的发电潜力,今后继续开发小型或微型水力发电将会十分困难。

照片2:溪流德莱撒姆河(Dreisam)上设置的功率为90kW的螺旋式小型水力发电设施

第二章 德国

地热发电

弗莱堡市虽然也有大深度干热岩法（HDR法：Hot Dry Rock法）地热发电站的候选地，但在向下钻孔的过程中，引发了近邻城市巴塞尔（瑞士）的大地震，该项目因此被冻结至今。在实行可再生电力的固定价格收购制度之后，地热发电今后将如何发展会因情况而异。因为弗莱堡地热发电的潜力只存在于地下深度较大的地方，并且经济风险巨大，所以近些年考虑发展地热发电是十分困难的。

太阳能发电

由市民基金等市民出资修建的大中型太阳能发电项目目前正在建设中，2011年年末总功率达到了21MW。在表1所示2009年年末统计的15.3MW总功率的基础上，总量仍在持续增加。如前所述，因为市内水力、风力以及地热资源都不丰富，今后弗莱堡市内可再生能源占有率的提高将与太阳能发电项目的进展息息相关。

为了推进太阳能发电，弗莱堡市推广着名为"Free Sun"的项目。这个项目基于航空激光3D测量及GIS技术，对全市内的建筑屋顶进行了3D扫描，分析各个屋顶的朝向以及日照条件等。该项目在具体计算出市内太阳能发电潜力的同时，还将所有屋顶的相关信息全部公布在网上，信息公开为各太阳能发电相关企业以及市民太阳能协会等提供了便利，使得各太阳能发电项目的个别协议变得更加容易。

当然，政府事前进行了大规模的项目宣传，对于那些不希望将信息公布在网上的个人和企业，进行了信息的删除。但深入而全面地掌握了市内所有的屋顶信息，并且推广到对民众公布这一阶段的自治体还是十分少见的。市民太阳能项目存在的问题包括如何找出选址条件好、价格便宜且耐久性好的屋顶等，此项目在这些方面的进展也是值得关注的。因为弗莱堡市的土地利用规划十分严格，所以几乎所有的太阳能发电设施都计划建在上述条件良好的屋顶上。弗莱堡市目前并没有在农地、工业区内推进室外超大型光伏电（输出量大于1000kW）的意向。

生物质能发电

弗莱堡市的生物质能发电与农村地区的大不相同。首先，作为一个大型设施，需要收集20万人产生的有机废物填埋后发酵产生的甲烷，送到邻近的兰德瓦瑟住宅区（Landwasserviadukt）的地域供暖热电联产系统，然后进行发电。但是，因为德国从2005年起就禁止直接填埋有机废物，填埋场的甲烷产量持续走低，品质也在下降，慢慢地变得不能再供普通内燃机的热电联产系统使用了。品质变差的甲烷，虽然仍旧通过设置于工业区内的超小型气体涡轮机进行发电与产热，但甲烷的年发电量已经从以前的10GWh减少到了2009年的3GWh，将来甲烷的比率会逐渐下降，而天然气的比率应该会逐渐上升。

照片3：生活垃圾堆肥、生物沼气设施

废物发电的另一种形式是生活垃圾的甲烷发酵。弗莱堡市从1999年以后，开始回收焚烧填埋废弃物中可以堆肥的部分，每年将3.6万吨生活垃圾、绿色垃圾等进行堆肥使其肥料化。这种方式产生的400万m^3生物质沼气被送至工业区内的热电联产系统进行发电，年发电量约8MWh左右（照片3）。2011年，市里为甲烷和生物沼气分别设置了新的管线，上面提到的甲烷与此处发酵得到的生物沼气，可以分别根据各自的品质，自由地混合天然气进行配置。这样就可以根据沼气品质最佳化的需要来调整各个发电设施的产出气体品质。填埋废弃物产生的沼气与生物沼气，从中期发电量来看，可保证每年达到10GWh左右。

弗莱堡市还有一个值得期待的项目就是设置于沃邦住宅区（Vauban）的地域供暖和热电联产设施。两处设施均利用附近林家及市有林中产出的

第二章 德国 75

低级木材的木质碎片进行木质生物质能发电。但因为木质生物质发电技术仍然只适用于先锋项目，仅可对采用了超高隔热、高气密、人口规模为5500人的密集住宅区进行供给。供给规模仍然偏小，而且木质生物质能的热电联产发电设施（345kW）故障较多，加之发电设备制造商因故倒闭，从而造成了无法发电的局面。现在，地区的基本供暖为木质生物质能提供，高峰时采用天然气联合供热的方式。

因弗莱堡市生物质能的利用在逐步扩大，可再生能源也因此得到推广。德国的天然气项目是完全开放自由的，天然气的输送与销售与电力类似，可以分别进行。导入一定品质以上的天然气管道，就可以依据"清洁气"证书买卖制度进行天然气的销售。按此制度，弗莱堡市内的温水游泳池及周边3个地域供暖设施的热电联产设备，可从其他地区购入生物沼气，确保每年有2.3GWh的发电量。弗莱堡市今后将与周边农村的农家及弗莱堡市能源公社展开合作，筹建数个可将生物沼气直接送往市内的项目。

为应对温室效应，弗莱堡市今后将继续以地域供暖为支柱，提高热电联产分散式发电的发电量。不过现如今主力能源仍是天然气。除热电联产外，相当于市内能源消耗40%的供暖量（暖气、热水锅炉）仍旧依赖于天然气。也就是说，无论是实现能源100%自给自足的目标，还是实现至2050年减少95% 二氧化碳排量的目标（与1992年相比），弗莱堡市能源结构里天然气所占的比例将以什么样的形式向生物沼气转化是关键所在。

虽然市内已经规划了多处计划实施的生物质能项目，但是如何将弗莱堡市消耗的天然气转为生物沼气的道路依然是不明朗的。因未引入大规模风力发电，作为人口20万的大城市，想要达成由可再生能源实现能源自给自足，以及减少95% 二氧化碳排量的目标，弗莱堡市还需要付出巨大的努力。

为了实现如此困难的目标，必须大大减少作为分母的电力消耗以及热能消费量，这迄今为止还没有先例。为实现电力消耗量10年内减少10%的目标，弗莱堡市实施了前面"节能"部分提到的政策。在减少热能消费量方面，弗莱堡市则以对现有建筑进行节能改造为主要手段，努力减少了很多分母能源消费量。弗莱堡市每年对2%的建筑物进行节能改造，高于德国全国的平均值。除了联邦政府提供的低/无利息融资、补助金等，弗莱堡市的财政补助也在扶持节能改造。同时，受市内长久以来推行此改造的影响，德国各地活跃着大量优秀的能源顾问公司以及太阳能建筑专家等。凭借各地区积累的经验，加上每年开展的节能建筑博览会、改造咨询洽谈会等，市民也在积极地参与促进建筑节能的改造活动。

对于2009年后新建的建筑物，德国实施了20%~30%的建筑物热能消费量（供暖、热水供应、冷气）必须由可再生能源来提供的制度，该制度由《可再生能源热消耗推进法》来保障施行。于是，弗莱堡市30%的新建建筑设置了太阳能热水器，20%左右设置了木屑颗粒锅炉，剩下的新建建筑大多数都与地域供暖系统相连。到目前为止，弗莱堡市约设有20000m^2的太阳能热水器，今后也要大力推进对老建筑的追加设置以及木屑颗粒锅炉的改造。

零核电的决议

弗莱堡市曾在欧盟电力自由化施行之前，持有业务涉及自来水、电力、天然气、供热的"能源公社"（第三产业）65%的股份，剩余的股份由当时德国南部天然气大公司"图林根燃气"（Thueringen gas）持有。弗莱堡市内的中低压电力系统以及天然气管道、自来水管道都属于这个能源公社。在电力自由化之前，市内居民和企业，无论是电力、自来水、天然气还是地域供暖的热水、暖气，都必须从能源公社购买。

1998年，德国根据欧盟的政令大纲制定了电力市场完全自由化的法律。之后，在各大型电力公司的主导下，开始试行电力销售。无力在低电价背景下维持的公司，即各地的能源公社和第三产业等，迎来了被合并、收购的浪潮。此浪潮不仅局限于德国国内，甚至波及了全欧，于是诞生了很多跨国的巨型电力公司。德国80%的中低压电力系统网，100%的高压电力系统网全部由4个电力公司独占。

弗莱堡市并没有逆市场自由化的浪潮而动,他们将能源公社与周边自治体的电力公社合并,为了提高实力,还获得图林根燃气公司融资额47.3%的股份,成功地跨越了自由化浪潮。也就是在这样的背景下,贝德诺瓦(Badenova)股份有限公司诞生了。弗莱堡市作为大股东拥有贝德诺瓦公司32.8%的股份,加上周围约50个自治体,共拥有52.7%的股份。公司的代表理事由市长担任,公司的经营方针很大程度上受到市议会的影响。

贝德诺瓦公司依从弗莱堡市的意向,经营着所有的地域供暖以及大中型热电联产设施。同时,该公司提供的民用电力,自2008年起自动混合使用南巴登地区电力(可再生能源与热电联产)以及从外部购买的可再生电力(瑞士的水电)等,在工业用电方面亦是如此,从而大幅度减少了现有火电及核电所占的比例。轨道交通、行政设施等公用电力也是如此,能源仅仅通过地区分布式绿色电力以及可再生能源进行供给。据2010年统计数据,在贝德诺瓦公司经手的电力之中,核电比例被压缩到4%以下。巴登·符腾堡州核电所占的比例较高,1986年供给市内的电力中60%都是通过核能发电得来的。目前,这个比例也依从1986年市议会的决议,得到了大幅度的减少。

2011年3月日本福岛核电站事故发生。与切尔诺贝利核电站事故发生后一样,一个月后弗莱堡市的市议会紧急决议了"脱离核电"的方案。后来,议会一致通过了在与贝德诺瓦公司签署电力购买合约时,必须遵循"零核电"这一基本准则。从反核能运动开始算,共耗费30多年,若从切尔诺贝利核电站事故发生的1986年开始算,则实际耗费了25年,弗莱堡市民的零核电自治体的愿望终于实现了。

(村上敦)

数据

弗莱堡市

人口：22万人
面积：153km²
标高：196~1284m
产业：服务业（行政、大学为主，含观光业）
能源自立度：电力3.7%（含热电联产市内电力自立度为54%）
地区电力公司的可再生能源利用率：67.1%（2011年）
目标：至2050年，实现大市域范围内电力、热能、交通100%由可再生能源提供

链接

弗莱堡市环境局：www.freiburg.de/servlet/PB/menu/1163520_11/index.html
市内环境设施指导公司：www.freiburg-futour.de/

❻ 慕尼黑市

挑战100%可再生能源电力供应的首个大城市

München

照片：慕尼黑市中心（来源：市宣传科Nagy）

慕尼黑市是德国最大州巴伐利亚州的州府，共有约135万人。慕尼黑是德国仅次于柏林、汉堡的第三大城市。该市也是拥有德国最先进的应对气候变化相关政策的自治体之一，加之其公布了要在2025年实现市内电力100%由可再生能源供给这一目标，吸引了欧洲以及世界的目光。

慕尼黑市位于阿尔卑斯山脉向北50km的位置，平均海拔为519m。这是一个十分繁华的城市，每年有众多的游客与商务人士到访，特别是每年秋季开幕的"啤酒节"都会吸引近700万人。宝马、西门子、安联等代表性德国企业的总部也设在这里，失业率仅为5.8%，低于德国平均值8.2%（两数据均为2009年统计），拥有安定且强大的社会经济。

慕尼黑所在的巴伐利亚州原本政治保守色彩浓重，地区保守政党基督教民主联盟占有压倒性的优势。但慕尼黑市对居中及左派的支持持续已久，1996年以后，主要社会民主党、绿党、Rosa Liste（主张同性恋者权利的地区政党）组成联盟。

至2030年二氧化碳排量减半

慕尼黑市于1991年加入了欧洲的地方自治体联盟"气候同盟"（参考本书第一章专栏）。目前，气候同盟自治体的共同目标为：1）每5年减少10%的二氧化碳排量；2）2030年实现人均二氧化碳排量减半（与1990年相比）。

为了实现二氧化碳排量减半的目标，2004年市里委托Eco研究所（位于弗莱堡）展开研究，于同年开始实施调查。调查结果显示，基于德国的现有条件，使用现有技术和经济手法，同时采取一些目前来看不算经济的对策的情况下，慕尼黑是有可能在2025年实现二氧化碳排量减半的目标的。该市对现有建筑物进行改造，制定比国家标准更为严格的新建筑节能标准，引进高能效设备，改变居民生活方式，优先推行自行车和徒步等出行方式，并对那些最有效率且最有潜力的地区，提出了各种可能的对策和方案。同时，对不同条件下二氧化碳减排量变化进行预测。因为此套方案研究也适用于其他的自治体，所以慕尼黑的方案在此后也成了其他很多自治体制定地区气候战略的模板。

受此方案的影响,为了达成二氧化碳排量减半的目标,2010年慕尼黑市议会上通过了"慕尼黑气候保护综合对策项目"。项目定位于跨政府部门间的合作,选择了7个不同领域、共200项气候保护对策,其中包括"住宅建筑物(现存建筑物的改造,新建筑物的高能效手法)"、"城市开发·建筑控制规划"、"移动与交通"、"商业设施的能源效率"、"能源生产与供给"、"公共设施与基础设施的能源管理"、"调配、公司公车·公用车、出差"等。其中55项对策在2010年至2012年期间实行,包括公共建筑内可再生能源设备的大规模预算支持、慕尼黑都市公社对里姆区的地域供热地热利用项目,还有减少路灯能耗的改造项目等。2013年开始,将有更多的对策被选中并开始实施。

100%自治体所有的电力公司

在推进气候政策的进程中,"能源自立"是关键所在。对于慕尼黑市来说,提高能源效率和节能,以及强化可再生能源的利用是一个重要的政策。慕尼黑市的相关工作开始得比较早,市议会早在1982年就已经采用了关于强化利用可再生能源的政策。

在德国,以前的能源供给均由各个自治体担任,各地都有自治体所属的、运营能源供给和地区交通的"都市公社"(Stadtwerke)。但在1998年电力市场自由化之后,多数都市公社都卖出了高利润的电力部门或其中一部分业务。

慕尼黑市于1899年设立了市营电力公社,开始了市内电力的供给业务,之后便统括了燃气及自来水供应、电力供给、地域供暖、交通几个部门。1998年,慕尼黑市议会通过了由市政府100%出资将公社组建为股份有限公司的决议。因为公司是完全由市政府出资,所以企业的每个战略决定都需要市议会决议通过,从而直接反映市里的政策目标。慕尼黑都市公社是营利性股份有限公司,而且完全归市政府所有,可以说慕尼黑市在实现能源自给自足过程中迈出了一大步。

2008年，慕尼黑都市公社提出了两大目标。一是至2015年完全由可再生能源供给市内80万个家庭和地铁、电车运行时所必需的电力（20亿kWh/年）；二是至2025年，慕尼黑市所有的电力需求（75亿kWh）完全实现由可再生能源来供给。为了实现上面的目标，市里不仅需要购入"绿色电力证书"，还要将绿色电力实际落实到都市公社所属的可再生能源设备上。值得一提的是，慕尼黑都市公社所供给的电力是完全不包含核电的，所有的电力均为"零核能电力"。

2025年前实现100%可再生能源电力供给，大城市的困境

慕尼黑市的电力供给中可再生能源约占9.5%（2011年6月数据），2007年这个比例大约是4.6%。可再生能源的比例在此4年间增加了两倍以上，算入建设完毕和仍在建设中的所有设备，预计能够在2015年达成所有家庭和地铁、电车的电力消耗由可再生能源提供这一目标。

目前，市内最大的可再生能源电力供给源来自市内伊萨河（Isar）上设置的小型水力发电站（照片1）。其他的可再生能源包括利用市内分类回收的生活垃圾以及植物修剪枝为原料发酵而成的生物沼气（可供100个家庭使用，照片2）、热电联产项目（约1600个家庭的电力），还有在展示会会场的屋顶上设置的1016MW太阳能光伏电站（约4000个家庭的电力）、在市内唯一适宜建大型风车的地点设置的风力发电站（约100个家庭的电力）等。借由以上这些项目，慕尼黑完成了通过可再生能源设备进行电力生产的战略目标。

照片1：慕尼黑都市公社与绿色城市（Green city）能源公司共同合作，设置于伊萨河上的小型水力发电站，发电功率为2.5MW（提供：慕尼黑都市公社）

照片2：动物园利用动物粪尿及饲料残渣产生的沼气每年可产出24万kWh电力与23万kWh余热。一年可消减190吨二氧化碳排量（提供：慕尼黑都市公社）

慕尼黑都市公社"100%电力自给自足"的目标始于"可再生能源扩张战略"。这些都是在市内扩展可再生能源设备以及在德国和欧洲各地投资建设可再生能源设施的结果。慕尼黑市内的土地利用开发程度较高，44%均为建设及相关用地，16%为空余用地，17%为交通用地，16%为农地，4%为森林，形成了大城市的土地利用格局。对需要大量电力的大城市来说，通过可再生能源来进行区域内的电力供给是有限的，这也是大城市最大的挑战。

慕尼黑都市公社表明了将在2008至2025年间，每年投资5亿欧元，合计90亿欧元的可再生能源设备建设投资意向，包括慕尼黑市及周边地区的小型水力发电站、生物质能设备、位于北海的海上风力发电场及西班牙的太阳能热发电项目，以及英国的海上风力发电场项目等，德国国内及欧洲各地的设备投资是其中的重点。

制定促进参与的"慕尼黑气候保护联盟"

慕尼黑应对气候变化的对策以及可再生能源的扩张，具有多方参与和市民参加的特点。对于关系着各方利益的应对气候变化的对策，为达成地区内的意见统一，慕尼黑市建立了"慕尼黑气候保护联盟"。

2007年7月，市议会承认且通过了设立"慕尼黑气候保护联盟"的提案。联盟的目标是联合市内重要的企业、学术组织、政党、政治家、各种团体、行政组织、媒体等多方力量，实施有实效的气候变化对策。宝马公司、欧司朗灯具公司（Osram）、德国裕宝联合银行（Hypo Vereins）、慕尼黑保险公司、慕尼黑机场、慕尼黑会展中心等德国代表性的企业以及民间提供公共住宅的公司、慕尼黑都市公社、交通公社、工商协会、手工业协会、德国汽车联合会、德国自行车联盟、德国太阳能能源协会、绿色城市环保团体（Green City）和BUND（环保团体）、慕尼黑工业大学、慕尼黑联邦军大学、能源经济研究所、教会组织等近100个组织都表明将参与其中，并且签署了为实现二氧化碳排量减半的共同宣言。

照片3：慕尼黑气候保护联盟开幕演讲中的第三副市长（绿党）赫普·蒙那茨达（Hep Manatzeder）（出处：慕尼黑市宣传科Nagy）

慕尼黑市第三副市长（绿党）出席了气候保护联盟组织的4个高峰论坛（照片3）。在论坛上，由各组织及专家主持牵头制定了具体实施的项目。在论坛上制定的项目如下：

- 可持续的能源生产：由慕尼黑都市公社及应用能源研究所领头。在停车场屋顶设置太阳能发电站，制定新开发地区弗莱海姆（Freiham）的热能供给概念等。

- 高效能源利用：由工商协会领头。开展利用地下水作为空调冷却水的可行性分析（在宝马公司试行），实施照明节能及雇佣方动机等相关研讨会。

- 节能：由民间及公共住宅提供公司领头。开发高于国家标准的慕尼黑品质住宅基准，促进已建成住宅的能源改造等。

- 可持续的交通：由慕尼黑交通公社领头。强化"拼车"的相关宣传活动，增加拼车专用停车场，将地铁站周边的停车场改建为自行车停车场等。

- 2010年慕尼黑气候保护联盟的活动落下了帷幕，而后2011年"慕尼黑气候保护联盟俱乐部"诞生。由此，慕尼黑气候保全联盟制定的各项目开始向前推进实施。

从市民运动到可再生能源项目开发公司

"绿色城市"（Green city）公司是慕尼黑最大的市民活动环境保护团体，以慕尼黑为中心展开活动，拥有专属职员共13人，超过400名志愿者。1990年，由6位年轻人怀着在2000年实现慕尼黑"Car free"（无车）的理想，创立了该组织，当时的名称叫作"Car free 2000慕尼黑"。后来因为"Car free"这个词还有其他负面意义，所以1995年更名为"绿色城市"，座右铭是"一起行动起来吧！"，即用实际行动来代替讨论、会议。作为市民之间的桥梁，他们的目标是传递正能量。该组织与"欧洲无车日"（Europe Car Free Day）配合，开展了有50万人参与的街头活动（Street Festival），创建了自行车租借系统"Call a Bike"（叫辆自行车），后来该系统成了在德国铁道系统中全面推行的样板工程。公司以"交通移动与城市规划"为重点，积极开展了一系列的活动。

随着人们对能源结构转换和气候问题关注度的日益提高，"绿色城市"公司也着手开展对儿童的环境教育和可再生能源的普及活动。1998年，"绿色城市"中的140位慕尼黑市民募集到350万德国马克，在慕尼黑市内建设了250kW市民太阳能发电站。无论是大规模的太阳能发电站，还是由市民出资来建设都是十分罕见的，所以在当时是极其先锋的案例。

照片4：位于慕尼黑近郊英格斯塔特（Ingostadt）的汽车制造商奥迪公司本部。设置于奥迪工厂屋顶的343kW太阳能光伏发电站（提供："绿色城市"能源公司）

2000年，伴随着《可再生能源法》的制定，他们正式开始了市民太阳能发电站的相关建设。2000年到2004年间，建成了共计750kW发电容量的4座市民太阳能公园（其中一个太阳能公园由多个市民太阳能发电站组成）。

在积累了一定的经验之后，2005年由250名市民出资设立了100%由"绿色城市"所有的子公司"绿色城市能源有限公司"。公司理念是走向100%可再生能源供给，同时有机地连接起环境和经济。2000年之后，设立了21处市民可再生能源公园。以慕尼黑市和拜仁州为重点，推广着太阳能发电、风力发电、水力发电、生物质能等发电及地域供暖设备（照片4）。

2011年该公司变更为股份制。在设立后的5年里，年营业额超过了3000万欧元，成长为拥有约70名员工的中型能源公司。"绿色城市"公司如此顺利的发展轨迹，说明了可再生能源不仅可以帮助防止温室效应，还可以产生可观的经济效益。

行政主导－"慕尼黑Solar Initiative"（慕尼黑太阳能倡议）

慕尼黑市年平均日照时间约为1800小时，大约相当于1100kW/m^2的能量，是德国拥有最长日照时间的地区之一。但与市内系统相连的太阳能发电设备仅有1954处（2009年共计约20.9MW）。

为了实现慕尼黑都市公社的100%由可再生能源供给电力这一目标，对于"不仅仅局限于在市内进行设备扩张，在慕尼黑的市域之外，甚至通过参与北海的风电设备投资来达到调配能源战略目的"等提议，绿党的慕尼黑市议会议员萨宾·娜丽格（Sabine Naringa）评价道："都市公社不应该只考虑经济投资回报等方面，如果不将能源产出地与能源消耗地统一起来的话，对实现目标是丝毫没有帮助的"，她还强调："因为大城市所排放的二氧化碳量占据了80%，所以在市内进行能源生产十分重要"。于是，她与市长克里斯蒂安·吾德（Christian Ude，音）（社会民主党）关于在慕尼黑市内大力推广大规模太阳能光伏发电站的想法进行了商议。

之后，娜丽格与吾德市长成功地得到了市议会对于实施"大规模太阳能光伏发电站适宜地调查"的支持。调查结果显示，市内共计4200万m^2的屋顶面积中，有1535万m^2在理论上是适宜设置太阳能电池板的；其中285万m^2的倾斜屋顶是可以进行全面积设置的，剩余1250万m^2中的33%（约410万m^2）是有设置潜力的。按设置总面积换算下来，相当

照片5：提倡Solar Initiative的绿党市议会议员萨宾·娜丽格（右）与Solar Initiative公司董事长哈罗德·维勒（Harald Ville）（左）（提供：Solar Initiative公司）

于410MW的发电容量，可以提供约占慕尼黑电力需求的9.2%。

2010年7月，在全体议员（除自由民主党议员）的支持之下，市议会通过了开设慕尼黑"Solar Initiative"公司的议案。2010年末，在都市公社提供95%、慕尼黑市提供5%资金的支持下，正式设立了公司（照片5）。为了市民对设置太阳能发电设施的兴趣，公司提供相关咨询和情报，介绍专家解决具体个案问题等服务。同时对市内企业拥有的建筑物提供相同的服务，还提供租赁屋顶相关优势的情报。对于那些考虑建设太阳能发电站的团体（企业），提供认可报批手续、资金调配、运营模式等相关咨询。还有关于银行、个人投资者的利益回报等咨询服务，以及提供针对设备设置经营者的专业培训等。

成为第一个100%由可再生能源供给电力的大城市

慕尼黑野心勃勃的目标和战略是由市长、绿党议员领头的具有很强领导力的政治家们和支持这个目标的市民、企业共同支撑起来的。

吾德市长说道："慕尼黑坚持着与其他大城市不同的能源战略。慕尼黑都市公社能够提出电力100%自给自足的目标是因为市政府对都市公社有100%的所有权。我们为多方的利益相关者提供了达成协议的平台，通过Solar Initiative公司，利用我们自己生产出来的绿色电力，向着下一步能直接在慕尼黑进行电力生产的目标迈进。虽然比起慕尼黑大量的电力消耗量来这些都还只是杯水车薪，不过它们对于能源结构转换是十分必要的一步。我们慕尼黑市内的企业、手工业者，还有市民都在共同努力"。

慕尼黑市希望利用大城市强大的经济实力实现世界上第一个100万人口的大城市电力自给自足的目标。

最后值得一提的是，慕尼黑市被广大的田园地带包围，其中还包括已经实现100%能源自给自足，在电力、供暖两方面取得可喜成果的福斯滕贝尔德布鲁克郡（Furstenfeldbruck）。将来，周边农村地区与慕尼黑市的能源合作也是十分值得期待的。

（近江Madoka）

数据

慕尼黑市

人口：135万人
面积：3万 km^2
标高：519m
产业：汽车制造业、机械业、电子业、软件业、金融业、保险业、观光业等
能源自立度：电力 9.4%
地区电力公司的可再生能源利用率：29%
目标：2025年达成100%可再生能源电力供给，2030年二氧化碳排量减半

链接

慕尼黑市健康环境局：
www.muenchen.de/rathaus/Stadtverwaltung/Referat-fuer-Gesundheit-und-Umwelt.html
慕尼黑气候保护联盟：www.muenchenfuerklimaschutz.de
绿色城市能源公司：www.greencity-energy.de
慕尼黑 Solar Initiative 公司：www.solarinitiative.eu

专栏1　达尔德斯海姆市　东西德先驱者们的交流

可再生能源制造商

达尔德斯海姆市位于德国中北部，萨克森·安哈尔特州（Sachsen-Anhalt）的西南部，以魔女传说著名的哈尔茨（Harz）山地的东侧，居住着920人。虽然行政上被称为市，但从人口规模和产业构造上来看，说它是农村可能更为贴切。虽然乍一看是德国再普通不过的农村，但达尔德斯海姆市从1990年代初就开始了以风车制造为中心的产业。目前已成为了世界注目的可再生能源设备制造地，每周到此参观的国内外视察团如潮水般络绎不绝。

达尔德斯海姆市现在约有30台风车，总功率为66MW，年发电量为1.2亿kWh。相当于村内民用、工业用电总耗电量的40倍，按人数换算的话，可供应10万人的日常电力消耗。公共建筑物的屋顶上还设有大量的太阳能电池板，相当于村内三分之一家庭的电力消耗量。农业组合还运营着500kW的生物质能发电设施，地区供热管道网也在建设当中。此外大量居民的家用太阳能集热器所产出的热能以及当地生物沼气所产生的热能被用于烧锅炉以提供热水。

两位先驱者的碰面

虽然是哈尔茨地区不起眼的小山村，达尔德斯海姆市却成了可再生能源的圣地。故事是从冷战时期末的1988年开始的。那年的某一天，村里的焊接师卡尔·拉达哈（Carl Radahha）站在自家土地的小山丘上用望远镜眺望了一下。

小巧的达尔德斯海姆市与巨大的风场（提供：Windpark Druiberg GmbH & Co.KG）

这个村位于前东德西部更加靠外的位置，眼前就是与前西德接壤的国境线。拉达哈把望远镜朝向国境线的那个方向望去，从未出现过的景象映入了眼帘。那里是一座约10m高，拥有两个螺旋桨的风车。作为技术人员的他对此产生了兴趣。虽然很想近距离地调查一番，但在那时东德人基本上是不允许访问西德的。

不过柏林墙在1989年被推倒以后，东德人就可以自由地去西德了。拉达哈为了获得相关的信息，多次访问西德，遇到了在下萨克森州（Niedersachsen）从事风力发电20余年的海因里希·巴特尔特（Heinrich Bartelt）。而后，拉达哈决定在自家土地上建设风车，就从巴特尔特那里购买了一座小型风车。

但是建设风车需要得到相关的行政许可。这对于政府来说也是头一次，所以最初没有人对此表示理解。他们说："这座风车的发电量远远多于拉达哈家所需的电量。但附近的一座火力发电厂却已经能够为村里提供足够的电力了，造这座风车究竟有什么用处呢？"

不过受惠于1991年《电力供给法》的制定，1993年拉达哈终于成功地在小山丘上建起了风车。

让风车建设更进一步！

拉达哈家的风车开始了运行，这引起了人们的兴趣。巴特尔特开始游说政府开展项目说明会，提出了进一步加强风车建设的建议。但是，保守的人们对于自西而来的巴特尔特的言论仍持怀疑态度。

之后，巴特尔特单独设立了公司。他再次造访达尔德斯海姆时，提议在与拉达哈家土地相邻的地方再建20座风车。于是，作为土地所有者的市民们，表现出了从巴特尔特公司获取土地租金的兴趣。但其他市民对此提出了极大的反对。相关面谈前后进行了共5次，耗时3年。其中不乏激烈的争论，甚至出现过巴特尔特被追赶出会场的一幕。

政府站在让尽可能多的市民受益的立场上，允许几乎所有的土地所有者直接对该风力发电项目进行投资。上面的努力换得了最后允许建设的决定。不过资金无法马上集齐，所以必须等待能够改善电力收购条件、拟于2000年颁布的《可再生能源法》的实施。

第二章 德国

2003年，达尔德斯海姆的风力发电先驱拉哈达与世长辞。此后不久，巴特尔特又在山丘上建设了15座大型风车。此后，风力发电设施不断增加，太阳能发电、生物沼气发电也相继展开，同时也呼吁居民积极参与各项可再生能源项目。发电与供热的收入转化成了当地居民、农家、匠人、银行的个人收入，还有自治体的税收。这样一来，大部分资金都在当地循环流动，为当地创造出了就业机会。

利用汽车和水来蓄电

达尔德斯海姆市正在进行可再生能源供给重要环节的蓄电项目。其中一项是电动汽车；在达尔德斯海姆市内设置有充电站，目前共有25台电动汽车在路上行驶。此举的出发点是将多余的电以电动汽车为载体，进行蓄电。

同时，市里也在考虑将多余电量通过邻近自治体的抽水机式水力发电机来进行蓄电。这个80MW的设施利用水泵将水抽送至上方的蓄水池中储存起来，电力需求量高的时候，释放上方蓄水池中的水，带动下方的发电机转动发电。通过这样的方式，将多余的电力通过水这一媒介储存起来，需要的时候，又将它再一次转变为电力。

过去的间谍活动地，今日的能源舞台

达尔德斯海姆市目前在对"可再生能源观光"所必要的基础设施进行整修。现在，在与风力发电场相邻的苏联军队雷达基地中，修建了可再生能源信息中心。是的，以魔女而出名的哈尔茨地区，在冷战时期是西方各国与苏联之间广泛开展间谍活动的地方，在这片曾被不幸时代的黑暗笼罩过的土地上，如今作为拥有闪亮未来的可再生能源制造地成了世界各地能源巡礼者不断来访的大舞台。

（池田宪昭）

达尔德斯海姆市能源项目：www.energiepark-druiberg.de

专栏2

尼德博格齐岑村 市民太阳能发电站实现的基本收入

农村电力需求量的120%由太阳能发电提供

巴伐利亚州的西南端是上巴伐利亚行政地区。这个地区与奥地利接壤,也是德国太阳能最丰富的地区之一。那里有一个人口1200人的小山村,名叫尼德博格齐岑村(Niederbergkirchen)。在24.7 km^2不大的面积里,有超过50家专营/副营畜牧业的农家,经营着17.5km^2的畜牧、谷物用农地,是南部德国典型的小规模农村。

2010年末,村内完成了总功率为3.4MW的太阳能发电设施设置,在人口1000人以上的自治体中,其居民的人均设置量位列第一。2011年9月,由于村内制造业不太发达等原因(耗电量较小),经过计算,该村增长至4MW的太阳能电池板提供了相当于村内耗电量120%的电力。这个成果令人惊叹的地方在于当地并没有建立超大型太阳能光伏电站。他们创建的可再生能源推广手法是迄今为止从未有过的。

固定价格收购制度(FIT制度)的缺陷

虽然太阳能发电设备的安装价格在持续走低,但也需要自家有房并且有一定的经济基础才能够完成。对于可再生能源电力的固定价格收购制度,批判的声音一直存在。那些有闲余资金的富人阶层可以对可再生能源设备进行投资,赚取更多的资金,但是那些初期投资产生的经济负担却被均分到了上涨的电费单价中。所以对于低收入人群来说,仅仅是电费上涨,并没有获得任何好处,导致收入差距加大。

当然,可再生能源业的发展在

尼德博格齐岑村(提供:尼德博格齐岑村)

第二章 德国

2010年末为德国创造了约37万人的就业机会,成为德国一大产业的同时,自治体因此获得税收增长的情况也日益增多。虽然不能一概而论地将太阳能发电归入为富人阶层服务的范围里去,但作为一种立场和看法,这也是不可否认的事实。

尼德博格齐岑村志在解决收购政策的这个困境,于是他们开始了先锋项目"尼德博格齐岑村村民太阳能发电站GbR(公司法人)"的计划。该村民太阳能发电组织,已在自治体内建成8处由村民出资的大型太阳能发电设施(合计235kW),依靠当地金融机构(Raiffeisen Bank)最大程度的支持,遵循以下的理念来开展项目。

规划中的1MW市民太阳能光伏发电设施,目前正在申请地区政府的设置许可。与通常的市民共同出资的太阳能发电项目相同,拥有闲余资金的市民可投资于该项目(限定于规定的最大投资额内,暂定为总投资额的10%)。产生的电力通过固定价格收购制度进行销售(约18欧分/kWh),然后根据出资比例进行分红(暂定内部收益率为20年6%)。

同时,项目还考虑到了那些小规模农家、失业者、单亲妈妈等无法出资的市民。于是,当地金融机构一次性准备了相当于总投资额90%的资金。如果本人愿意,根据各个家庭的收入,金融机构可以借出3000~30000欧元的无利息、无担保、无风险的贷款。在形式上其实是低收入层市民从银行借钱,投资到市民太阳能项目中去。也就是说,即使是手里一分钱都没有的市民,也是可以向市民太阳能发电站投资。那些用贷款的钱来投资的市民,也不需要紧着钱包过日子,电力销售所得到的资金将自动对银行进行还款。在算入年平均日照量以及可能的故障等条件下,预计12年就可以还清所有的贷款。此后的8年,基于固定价格收购制度,相应的红利则会直接分到出资的低收入层市民的手中。即使过了固定价格收购制度的20年保障年限,设置30至40年后的太阳能发电设施仍能继续发电。所以,在之后的10至20年间,同样可以把电力卖给电力公司,或者直接卖给自治体的私营公司(预计15分/kWh)。这样,在18~28年内都可以享受到电力销售带来的收益。

从太阳能电力到社会电力

构建这个太阳能发电商业模式的是之前提到的市民太阳能发电站法人代表沃兹·汉斯（Holz Hans）。他的职业是为当地农家服务的会计、税务等。汉斯曾有多个农家太阳能发电设施的建设以及市民太阳能项目的经验，所以在构建此领域商业模式方面有很强的能力。

据他计算，投资3万欧元的市民，从第13年起，每人每月可平均获利100~150欧元。如果是一个由4人组成的家庭，且每人都进行了投资，每月可以获得400~600欧元的额外收入补贴家用。如这个项目一样，由当地金融机构与市民组织牵头，以可再生能源项目为支柱的社会福利模式今后或将在德国发展起来。

汉斯说道："实施市民太阳能项目的一大障碍就是设置在什么地方的问题。因为我们村内几乎所有可以设置太阳能电池板的屋顶都已经被利用，用与目前相同的商业模式进行土地、屋顶借贷的可能性和对象都在减少。然而，人们对农村社会福利的理解还有待提高。如果太阳能发电的经验累积以及回避风险的商业模式可以进一步发展起来的话，以当地农民金库为主体的金融机构100%承担风险的形式，可以保护经济弱势阶层，不让他们承担风险。同时仅以安装的太阳能发电设施为担保，进行投资等的相互约束。这样，可以有效利用地区的分散资源，在带活地区经济的同时，稳固地区社会结构。对政府来说，也可以增加税收。可以说一个考虑了方方面面的商业模式已经成功地建立起来了。村里目前已经建成一座生物沼气设施（功率500kW），同时开始讨论其他的生物质能和风力发电设施是否也能通过这样的出资方式进行建设"。

社会电力的条件

不过，实现这样的商业模式需要一些必备的前提条件。笔者想在这里记下这些前提条件，为将来在日本的推广做一些参考。

即使太阳能发电设施收购制度的20年收购年限已经结束，因为太阳能发电设施的一般寿命年限30至35年间，所以在20年收购年限满期之后，还能够继续发电和销售电力仍是十分必要的。因此，建立起可以向周边建筑物、住宅等进行电力零售的法律保障，即"电力买卖自由化"，是开展这样的商业模式的必要条件之一。

同时，为构建固定价格收购制度收购年限结束之后的商业模式，让太阳能发电的原电价与一般电力零售价联系在一起是十分重要的。2011年，德国太阳能发电设施的初期投资成本（含安装费用，未含税金），降到了约20万日元/kW。这样的商业模式在日本"特有"的太阳能发电设施成本过高的这一大背景下应该是很难实现的。

如同德国的固定价格收购制度一样，虽然过了20年收购年限的电力价格是根据协议而定，但是对于发电个体来说，是需要相关法律保障的，让电网有义务、优先、并且全量接入可再生能源发电单元进入电网。

对于风力、生物质能、太阳能等发电设施来说，需要完善各种针对气候、灾害、事故等的保险制度。同时，需要当地金融机构、中小企业、市民共同参与构建可再生能源的商业模式，进行危机管理，并且要明确如何进行运营管理。

德国几乎清除了上面所有的障碍，从而具备了前提条件，才得以实现仅以太阳能发电设施为担保的低利息贷款，并且不由市民承担风险的市民融资模式。汉斯期待着在10年后，可以利用太阳能发电等可再生电力的剩余电量在当地加工出人工氢气和甲烷。到时，由剩余电力制造出来的成本低廉的人工气体将存储于原有天然气基础设施（储气罐）之中。通过热水供应、供暖、为汽车供能等形式低价实现电力向热能和动力的能源转换。为了实现上面的目标，汉斯明确表示将致力于提供大量低价的可再生能源电力，今后也将继续在地区内加强此方面的努力。

（村上敦）

尼德博格齐岑村市民太阳能发电站法人：www.niederbergkirchen.de/sonnenkra－ftwerk/sonnenkraft.htm
尼德博格齐岑村：www.niederberg-kirchen.de/

专栏3 Wildpoldsried
维德波德村 着眼2020年之后的未来

平凡山村中的不凡项目

维德波德村位于巴伐利亚州最南部，上阿尔高依（Over Allgau）地区，拥有2500人。该村位于平均标高720m的高原，冬季积雪，在大片牧草地上有多个速度滑雪道。不仅是当地市民，也有从慕尼黑等近郊城市前来的当日往返滑雪者。但这里的观光业并不发达，农业也只是小规模农业，当地并没有任何大型产业存在。这里只是一个德国南部十分常见的普通山村。

不过，维德波德村从2011年4月起，就被指定为德国经济部支持的智能电网（Smart Grid）先头试验项目的试点。这是一个名为IRENE（可再生能源与电动车综合项目）的大型项目。该项目由运营地区电力系统的AÜW公司与西门子公司、亚琛工业大学与肯普滕（Kempten）应用科学学院提供全面的研究和技术支持，预计将对50个家庭的150处的分电/送电表进行智能电表的换装。除了平时全面监控村内的电力消费及可再生能源设施等的发电状况以外，这个大型实验还将开发供农村家庭使用的32辆电动汽车的最优化蓄电方案软件。此大型试验的目的是开发出一套智能软件系统，将原来以单向通行为先

维德波德村（提供：维德波德村）

第二章 德国

决条件设计的电力系统转变为平稳的双向系统。

该项目选择在维德波德村进行试点的理由仅有一个。德国的国家战略是将可再生能源发电的比率在2020年提高至35%（2011年约占20%）。维德波德村目前已经实现并远远超越了这个目标值，着眼于2020年以后和更长远的未来，村政府希望通过这个试验项目在德国社会的革新大潮中占据一席之地。

2020年后的近未来

维德波德村于1990年代末开始推行环境保护政策和气候保护政策，之后大力发展可再生能源，目前电力已完全超过并实现100%可再生能源的目标。他们在短短的10年间建成了以下的能源设施：

1）生物沼气能-热电联产设施：以奶农家为主体，将家禽饲料和能源作物等进行发酵，产生生物沼气，沼气通过天然气内燃机燃烧发电。这样的热电联产设施在村内共有5处。其中，最大的一个设施联合了两台最大功率为250kW的热电联产设备。生物沼气设施是由多个农家联合投资建设的，电力经由国家电网进行销售，产出的热能则卖给当地的地域供暖系统。生物沼气设施的年平均发电量为6370MWh，所以仅仅这5个热电联产设施就几乎可以满足全村的电力消耗。

2）木质生物质能-锅炉：为了改变农村供暖和热水供应全部依靠煤油的现状，维德波德村在2005年设置了功率为400kW的木屑颗粒锅炉，建立起地域供暖系统。地域供暖系统的基础设施一共进行过3次规模庞大的建设，供暖管道总长2.6km，在向所有的公共设施（市政

木质生物质能地域供暖设施（提供：维德波德村）

府楼、学校、体育馆、文化馆等）、教会、养老设施等供暖的同时，还向42户住宅供暖。村内共计5处木质生物质能设施，与上节提到的生物沼气能热电联产的余热一样，也与地域供暖网进行了联网。地域供暖系统的供热价格为6欧分/kWh，与消费者使用自家的煤油锅炉相比，大约可以减少一半的支出。

3）太阳能热水器：村内约140个屋顶设有合计约2000m^2的太阳能热水器。主要作用是对各个家庭的热水供应进行辅助，加上前面提到的生物沼气、木质生物质能等产热设备，村内耗热量中的35%以上是通过可再生能源来提供的，其中公共设施的可再生供热比例更是达到了100%。

4）太阳能发电：村内在公共建筑、农舍、民舍等190余处地方设有共约3600kW的太阳能发电设施。巴伐利亚州内，在牧草地等农地上建设光伏电站的自治体不在少数，但值得注意的是，这里的市民人均约1.5kW太阳能发电功率几乎都是设置在屋顶上的。年发电量约3115MWh，占村内总耗电量的50%，并且几乎都是市民出资建设安装的。

5）小型水力发电：村内共有3台利用溪流发电的小型水力发电机（其中两台为25kW功率，1台8kW功率），年发电量为55MWh。

6）风力发电：村内设有9座村民出资兴建的风车，年发电量为1.1万MWh，大约相当于村内电力消耗量的两倍。

与村民结为一体

如此强力推广了可再生能源的维德波德村，其电力需求的321%、热量需求的35%都是由可再生能源来提供的。他们还将在2012年增加两座风车，同时增设太阳能发电设备。由此，预计村里电力消费量的近500%都可由可再生能源发电而来。到2020年，包括电力、热能、交通在内的村里所有的能源消耗，都可以实现由可再生能源提供的目标。在二氧化碳排放的计算上，维德波德村目标是成为气候中立的自治体。为了更顺利地实现这个目标，村里对新建的超节能建筑以及现有建筑的节能改造进行了个别资金补助。

在旅游观光上未能繁荣起来的

维德波德村，近来每天至少会迎来1台大型观光巴士。来自德国、欧洲，乃至世界各地的参观者们络绎不绝。对于将在2012年春天建成的、可容纳55人的住宿设施（兼有可再生能源研修功能）计划，村宣传部可再生能源领域的女性负责人苏西·维格（Zuzie Vogl）说："从心底感到高兴"。同时村长亚诺·茨格雷（Arno Zengerle）强调说："如此特别的发展模式，不是村里某一个先锋者提倡的，而是通过村民们相互交流，由活跃的村民们一个接一个想出来的。然后尽快地在村议会中讨论、决议，最后由村民出资展开建设。这些都是与村民结为一体的成果"。

（村上敦）

维德波德村气候保护对策网站：www.wildpoldsried.de/index.shtml?wir
IRENE项目网站：www.projekt-irene.de/

第三章　奥地利

❶ 奥地利的能源情况

位于欧洲前列的可再生能源产量

奥地利是个面积大致同北海道相当的国家，拥有840万人。行政等级共分为9个州、84个郡，以及2357个自治体。从潘诺尼亚盆地（Pannonian）到阿尔卑斯山（最高峰3798m），奥地利拥有高差丰富的地形，是欧洲各国中水力资源最丰富的国家。奥地利亦是林业大国，生物质能能源的利用也十分广泛。有利的自然条件加上政府常年的促进，奥地利每平方公里的可再生能源产量达到了欧洲前列。

在奥地利2010年总能源消费量310.9TWh之中，可再生能源占到了30.8%的比例[1]。其中木质生物质能与水力各占10%，剩余的部分由黑液（制作纸浆时产生的液体，用于燃烧），还有其他生物质能、生物燃料、垃圾焚烧余热、风力、生物沼气、太阳能热、环境热能（地下水、地热泵等的热能）等组成。

电力的70%、热能的30%由可再生能源提供

2010年，奥地利电力产量的65.3%是由可再生能源提供的，其中水力56.5%、风力3%、生物质能6.7%[2]。自2020年开始实施的"固定价格收购制度"（FIT制度）也在奥地利掀起了可再生能源电力增产的浪潮。但2006年起收购预算大幅减少，可再生能源电力的增产也因此减速受挫。

2011年7月，为了改善这一局面，奥地利政府对《可再生能源电力法》进行了修订。当然这次修订在一定程度上也受到了福岛核电站事故的影响。因为收购预算增加到了原来的两倍，所以预计至2020年将增产11TWh电力，其中85%的电力将由可再生能源来提供。特别值得期待的是风力发电和太阳能发电在未来的大幅增产。虽然奥地利没有核电站，但进口电力中的6%来自核电。政府决定于2015年将这部分核电份额彻底减为零。

在热能方面（供热、热水供应、工业热），33.6%的热能由可再生能

源来提供。热能占据了奥地利终端能源消费量的一半，是气候·能源政策的重要部分。因此，在2011年起的4年里，实施了每年预算1亿欧元的建筑物节能改造辅助项目。

在交通燃料方面，约6.5%由生物燃料提供（2010年）。

2020年的能源战略

在欧盟中，奥地利的任务是到2020年实现可再生能源在终端能源消费量中的份额达到34%，将能源效率提升20%，二氧化碳排量相比较2005年减少16%。为了达成此目标，奥地利经济大臣与生物部大臣共同实施了名为"能源战略奥地利2010"的参与型项目。2009～2010年间，共招募了来自行政、经济、科学、环境、社会等各行业的150人参与此项目，而后总结提出了一系列具体的对策。这样的参与型项目是奥地利能源政策的一大特征。

此战略中最重要的是将能源消费量控制回2005年的水平。奥地利的终端能源消耗量随人口增加及经济增长，比1990年增加了40%。基于此能源战略，2010年奥地利的国家可再生能源行动规划开始实施。

同年，奥地利生物部（分管国土、森林、环境、水、食品）发表了名为《为奥地利在2050年实现能源自给自足》的学术调查报告。根据报告，奥地利是有可能在2050年实现能源消费100%由可再生能源提供这个目标的，但前提是要将目前的能源消费量减半。

促进能源自给自足地区的策略

根据《京都议定书》，奥地利需要履行将温室气体排量减少13%（与1990年相比）的义务。但是，2009年因为汽车行业的迅猛发展，二氧化碳排量与1990年相比反而增加了2.4%。为了达成《京都议定书》上的减排目标，奥地利生物部于2007年设立了"气候能源基金"，一年给予1.5亿欧元的资金支持，促进那些应对温室效应有创新、革命性贡献的能源项目的实施。

作为其中一个环节,奥地利于2009年启动了"气候能源模范地区"项目。这是一项针对以能源自给自足作为政治目标的地区,在初步阶段给予资金以及专家顾问支持,并实现网络化的制度。被选中的地区要制定出地区能源自给自足的理念,并选定负责管理具体实施的示范区域的能源经理。现在,共有66个地区的773个自治体(占总人口数的20%)参与了该项目。

不同于"气候能源模范地区"项目,奥地利各自治体亦有促进综合能源·气候政策的质量管理制度。该制度是名为"E5自治体"的自治体认证制度,从1998年开始在州一级推广。目前,共有6个州推行了此制度,104个自治体接受了相关认证。认证的方式与流程与瑞士的"能源都市"相同(参考第一章第3节)。

国家主导的能源自给运动

生物部部长的尼基·贝尔科维奇(Niki Berkovich)是对国家能源自给自足有很高热情的推动者,对上述的能源战略及地区项目的实现起到了很大的促进作用。在生物部的主页上,贝尔科维奇表达了如下的观点:"为了奥地利,我的努力目标是实现能源自给自足。通过国产的可再生能源,实现100%自给自足与能源利用效率的提高,依靠这些我国可以实现未来的可持续发展,并保证稳定的能源供给"。

2011年,贝尔科维奇组织了奥地利国内外各领域的专家,结成了"最聪慧的ECO(生态)团队"。团队的任务是与政府官员一起推动实现奥地利2050年能源自给自足的目标,当然这也会通过参与型项目来实现。

在奥地利,"能源自给自足"(Energieautarkie)正在逐渐变为一个波及全国的运动。

(滝川薰)

气候能源模范地区项目网站:http://www.klimaundenergiemodellregionen.at

❷ 克查赫毛滕镇

先锋企业提供可再生电力与热能

Kötschach-Mauthen

照片：从阿尔卑斯山上眺望克查赫毛滕镇。其地处山谷间平地，各种设施与景观自然地融为一体（提供：energie: autark）

奥地利克恩顿州（Kärnten）被阿尔卑斯山包围，邻接意大利与斯洛文尼亚。从州府克拉根福（Klagenfurt）向东130km，是两侧被2000m高山包围的盖尔（Gailtal）谷地。在平坦广阔的谷地上坐落着克查赫村和毛滕村。50年前，两村的行政机能合并，统一成了克查赫毛滕镇，目前拥有3500人。

从毛滕村到意大利的布罗肯（Brocken）垭口一带在罗马时代曾作为南北交通的要塞而一度繁荣。同时这里也是第一次世界大战时奥匈帝国与意大利在阿尔卑斯山上激战的战场，留下了一段悲惨的历史记忆。

今天的克查赫毛滕镇是国内外背包客前来进行体育活动、自然探险和疗养的旅游胜地。充满活力的小规模高品质的产品制造是当地的特色产业。当地最大的雇主是热交换器工厂。此外制材业、建筑承包商、建材工厂等木材相关产业也十分繁盛。

克查赫毛滕镇总能耗（含电力、供热、交通）的74%由可再生能源提供，属于欧洲的先进地区。电力产量为当地电力消费量的3倍。漫步在村内的街道上，各家各户的民居整洁而美丽，可以感受到当地经济带来的活力与润泽。一般来说，山村都是相对保守的，那为何在这个村实行的是"能源自给自足"这一崭新的理念呢？

拥有先锋精神的商人——克劳斯家

克查赫毛滕镇拥有丰富的水、森林和日照资源。经营着酒店的克劳斯（Kraus）家从125年前就开始利用这些自然资源，是当地的大户。克劳斯家族的显著特点是拥有旺盛的先锋精神。1886年，安东·克劳斯（Anton Kraus）通过自学，在阿尔卑斯山上的小河建设了小型水力发电站，同时架设了输电线。这使得克查赫毛滕镇成了奥匈帝国第5个实现电气化的地区。

照片1：镇教会前AAE总公司的标志牌（AAE：Alpen-Adria-Energie公司~自然能源~水·太阳·风）

克劳斯家的能源公司名为"Alpen Adria Energie"（阿尔卑斯山·亚德里亚·能源），公司实施着与当地紧密相关的可再生能源项目（照片1）。公司总部共有30名员工。现任总裁是第一代克劳斯家族的孙子维尔弗烈多·克劳斯（Wilfried Kraus），他因善于创造富有创新性的业务而广为人知（照片2）。

镇能源自给协会的萨布里娜·巴尔提尔（Sabrina Barthel）说道："20年前，克劳斯总裁就明确表示过要用可再生能源实现毛滕村能源的自给自足，但在当时没有人真正地接受这一想法"。克劳斯总裁在30年里一点点增设发电设备与输电网，构筑起了能源自给自足的基础设施。

照片2：AAE公司的维尔弗烈多·克劳斯总裁。几乎拥有村内所有的输电网与发电设备

今天，AAE公司销售的电力全部是可再生能源电力。其中86%来自小型水力发电，8.2%来自风力发电，4.5%来自生物沼气发电，1.1%来自太阳能发电。借助电力市场自由化的契机，AAE公司不仅向当地居民提供电力，同时也向奥地利全国1.5万名顾客提供电力。当地居民和企业的使用的80%以上的电力都是从AAE公司购买的。

发电设备和地域供暖成为当地产业

受到克劳斯家的带动，克查赫毛滕镇里的其他农家和制材商人也相继进入了可再生能源领域。从此，以地区传统产业为中心，建设并运营可再生能源设备的商业化活动开始成形。

今天，在克查赫毛滕镇，共有21座微型、小型水力发电站（2kW~3MW）、1座风车（500kW）、1座生物沼气热电联产设施（电力500kW、热能1500kW）、两套地域供暖网络和两台木屑颗粒锅炉，以及后述的3个小型水坝蓄电设备。

第三章 奥地利 107

地域供暖设备是当地制材商与AAE公司共同出资建设的。热源来自生物沼气发电的废热和木屑颗粒锅炉，在热能需求较少的夏季，仅使用生物沼气发电的废热就完全足够了。而在热能需求较多的时期（如冬季），还需要用上木屑颗粒锅炉，木屑颗粒均来自制材所多余的边角木材。

生物沼气的发酵炉建在远离居住区的农业地区。产出的沼气通过两公里长的管道，被运输到设置在当地供暖中心的热电联产装置。发酵原料来自牧草、家畜粪尿还有饲料用玉米，公司与35户农家签署了提供原料的合约。盖尔谷地都是小规模农户，所以在欧洲大市场中竞争力不强。在这种情况下，利用现有的机械，对栽培、收获都很方便的玉米及牧草等发酵原料进行购买，对农户来说是很有好处的。而发酵后的残渣又可以作为肥料，最终还原到农地里去。

追赶先进民间成果的政府行政

我们在赖福艾森（Raiffeisen）银行的支行长办公室内采访到了忙碌的镇长华瑟-哈特里博（Walther Hartlieb）（照片3）。哈特里博镇长是奥地利社会民主党的政治家，已经担任了14年镇长的哈特里博原来还兼任镇内银行的支行长。在民间积极开展能源自立的同时，当地自治体政府应当如何促进让其进一步发展呢？

照片3：兼任银行支行长的哈特里博村长

"例如1998年，镇政府支持民间开展的地域供暖规划，决定将所有的公共建筑都用地域供暖网连接起来，包括村政府楼、室内外泳池、学校等。这样既可以确保一定的热能需求，也构筑起了实现经济运营的基石。之后还促使了酒店业等更多的当地产业和建筑都接入地域供暖网。在其他能源设备的建设上，镇政府都本着快速、非官僚的原则来处理建设许可和土地利用许可等方面的工作。镇内的能源价格比其他地方更低，这是因为市场的调整作用。"哈特里博村长如是说。

克查赫毛滕镇从2006年起举起了当地"能源自立"的旗帜，作为100%可再生能源镇受到欧洲的注目，镇政府也意识到了能源自立发展的重要性，既可以促进生态旅游，增加可再生能源相关的工作职位，又与维持可再生能源价格的长期稳定及保持村内产业的竞争力紧密相连。

同年，镇里成立了"能源自给协会"，作为自治体与地区产业的合作平台。除自治体以外，会员还有地区主要的业界代表共23人，包括AAE公司、制材业和工业的经营者、建筑承包商、农业的代表、餐饮业内人士、观光局长、医院和银行的经营者、能源工学事务所等。办公地点设置于镇政府的观光局，年轻的萨布里娜·巴尔提尔作为主要负责人之一展开相关业务。

"虽然这是从自治体中孕育出的协会，但我们十分重视居民的参与。会员们是所有重要的产业部门的带头人。他们负责将能源自给自足这一理念逐步渗透到居民当中去……虽然不可避免会受到一些当地传统意识的影响，但大多数居民们一起行动的意识，还是成了推动能源自给自足项目向前行进的力量。因此完全不存在来自居民的强烈反对。"哈特里博镇长说道。

而后，克查赫毛滕镇于2008年加入了对积极实施气候政策的自治体提供支持的"气候同盟"（参见第一章专栏）。2009年，它还获得了奥地利认证的实施先进而综合能源政策的自治体-"E5自治体"的称号。同时为了建设面向市民的示范工程，镇里对建于1970年代的村政府楼进行了节能改造，外墙上加覆了厚厚的隔热材料。

2020年的能源理念

"能源自治协会"实现能源自立的基础是能源工学事务所提出的"能源概念2008~2020年"，其中包括镇内能源消耗、产出现状和潜力分析（图1）。

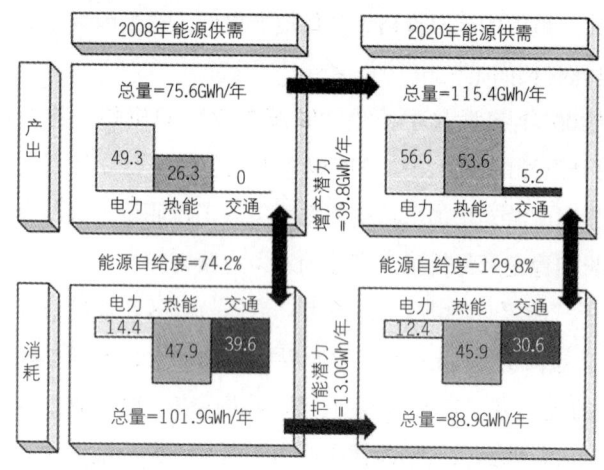

图1：能源概念概略图（出处：energie:autark）

根据计算，2008年镇电力、热能、交通领域能源消费量为101.9GWh，可再生能源的产量为75.6GWh，也就是说镇的能源自给率为74%。其中，电力自给率为343%，热能自给率为55%，交通自给率为0。

至2020年节能潜力可达12~13GWh，其中包括建筑物的节能改造、照明及家电的节电对策，以及后面将谈到的交通方面的节能。同时，可再生能源的增产潜力为39.8GWh，其中电力为7.3GWh，热能为27.3GWh（活用丰富的木质生物质能），还有交通领域的5.2GWh。

将以上项目进行统计，2020年克查赫毛滕镇的能源消费量为88.9GWh，而能源产出量为115.4GWh，可以达到129%的能源自给率。

"虽然这是一个有野心的目标，但却是可以实现的。"哈特里博镇长如是说。

通过调查可以明确的是，克查赫毛滕镇比较棘手的是交通部门。因处地偏僻，交通不便，几乎所有居民都是使用私家车上下班和往来学校的。"能源自给协会"开始着手减少镇内的交通能耗，于是实施了由私家车向自行车、电动自行车转换的项目。镇里会对电动自行车和电动摩托车使用提供补助。同时，在盖尔谷地全部区域内，面向游客开放电动自行车租赁服务。

"能源自给协会"作为促进的母体

作为镇内能源自立促进母体,"能源自给协会"肩负着自治体内能源方面的相关业务以及协会项目两方面的工作。例如,提供补助金情报与补助金的交付、E5自治体项目的开展、交通项目的运营、可再生能源设施参观路线的开发、视察团体的接待、能源自给自足主页的管理运营等。

协会会员都对反映能源自立理念的各个项目抱有很大的兴趣。例如,在赖福艾森银行的支部,面向甲方开展的隔热改造讲座,在短短半年里总共开展了15次。多个建筑承包商都以高效节能为基础的"被动节能房"以及使用当地无污染木材的健康住宅为中心开展了业务。

拥有200名员工的拉斯州立地区医院也在实施综合的节能对策。2010年,借屋顶改造之机,安装了360m^2的太阳能热水器,利用太阳能热提供医院的一部分制冷供暖能源。先使用洗涤、厨房的高温废水以及冷藏室的废热对自来水进行预热,之后将水再导入太阳能热水器加热。在热量不足的情况下,利用木屑碎片锅炉进行辅助加热。

观光业则想依托对生态旅游的促进来增加访客和游客的数量。为此,镇内两大住宿设施——四星级酒店和野营场都在进行着经营生态化的实践,努力成为重视健康和环境的生态饭店。其中当然包括建筑物的隔热改造以及100%可再生能源的利用。利用节能降低环境负荷等措施,得到了欧盟生态标签(Ecolable)的环境认证,他们的目标是建成与镇标志性理念(生态、能源)相吻合的住宿设施。

在居民和儿童启蒙方面,能源协会也积极参与(照片4)。其中重要的一环是2009年利用镇政府内300m^2的讲厅,开设了让孩子们通过实际体验可再生能源及节能来学习的"学习花园"。该项目获得了欧盟基金以及维拉赫(Villach)大学开发设计的50种实验装置。项目以小学1年级至中学3年级的青少年儿童为对象,孩子可以根据学习内容的不同选择相应的实验。其优点是可以同时体验到实验和实物两个方面。能源自给协会的萨布里娜·巴尔提尔说道:"不同于以前在小学内举行的体育夏令营,我们协会提议开办了一个利用镇内体育和观光设施,进行能源知识学习

照片4：给孩子们上生物质能设施课的萨布里娜·巴尔提尔（提供：energie:autark）

的能源农舍夏令营"。

10年前开始的电力供需调整系统

10年前开始运营的AAE公司的电力供需调整系统是克查赫毛滕镇被欧洲瞩目的另一个理由。该系统在10年前就已经投入使用，以地区为单位整合电力需求。系统总共控制着地区内40个分布式发电设备，同时可以将剩余电力存储起来。

系统的原理很简单，优先利用被气候左右明显的风力以及太阳能发电的电力，不足的部分通过任何时候都可以使用的热电联产设施和小型抽水水电站来补给。在风力、太阳能、小型水电的电力有富余的时候，这些剩余电力则通过水坝储蓄起来。

"虽然抽水泵自身的电力消耗会损失25%的能源，但是比起电力过剩时就停下风车发电的做法，抽水蓄电的意义更大"，AAE公司社长克劳斯说。

AAE公司开发的"生态电力控制系统"（照片5）可以对整个供需进行自动控制。该系统以15分钟为单位对电力需求量进行预测，同时基于天气预报对风力以及太阳能的发电量进行预测。系统根据预测信息分别对40个分布式发电设备和抽水泵进行控制。这套控制系统软件是身为IT技术人员的克劳斯社长的儿子独立研发的。

考虑了环境的小型抽水水电站蓄电

为了实现该系统，克劳斯社长在布罗肯（Brocken）垭口的周边建设了三个不同高度的小型水坝。当中蓄水量最小的是8000 m³的华伦廷湖（Valentin）。该湖是1984年为了稳定并利用陡峭山脉变化引起的湍急水流

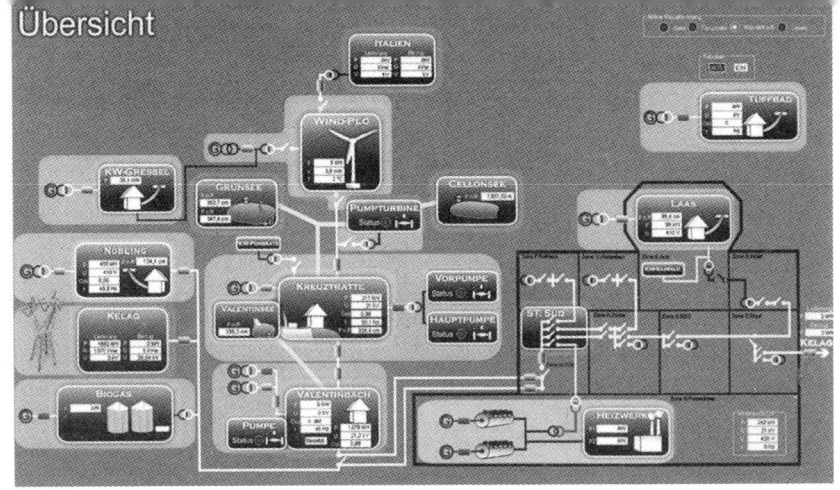

照片5：AAE公司的分布式电力供需控制系统画面（提供：AAE）

而建的。这个湖和1993年建设的位于最高处的格伦（Grün）湖并没有用管道连接，只能用抽水泵进行抽水（照片6）。格伦湖的蓄水量为12万m^3。之后，2006年又在原有两水坝之间修建了蓄水量为两万m^3的切罗内（Chelone）湖。这三个水坝的蓄电容量共计19GWh。经计算，理论上相当于38台设于布罗肯垭口的500kW风车的发电量。

克劳斯社长的个人哲学是：把从自然和景观那里得到的返还给大自然。所以，在建设这三个水坝的时候十分细心，充分考虑了对自然产生的影响。与其称之为水电站，不如称其为湖，原本为峡谷和低地，被数米高的水坝拦截后形成深约6~8m的湖。因为建设时没有使用混凝土这样的硬质护岸，所以与自然湖无异。切罗内湖的水域直接与自然湿地相连，多种鱼类和两栖动物栖息湖中，水质良好。这里也作为风光明媚的观光景点受到居民和游客的喜爱。

像这种小山村，另外新设"小湖"作为分散型蓄电装置的案例是比较罕见的。

"整个系统确实在发挥作用。分布式能源生产的意义在于蓄电也在本地进行。如果将电力通过输电线送往其他地方，不仅有输电损失，而且会增加输电网的负担。如果能在当地进行蓄电，我们只需要从外部输入不足的那一部分电力就可以了。"克劳斯社长如是说。

得益于此方法，AAE公司几乎不用从外部购买电力就可以对地区内

第三章 奥地利 113

照片6：建成的小型生态水坝。最上方的格伦湖，蓄电量为3.5GWh，发电功率为2MW（提供：AAE）

外进行稳定的电力供给。

克劳斯社长决定中止家里传统的酒店业和农业，专注于能源业。如果现在不用自己的双手建设出能够灵活利用当地可再生能源资源的发电设施，当外面的大公司到来，开始开发的时候，本地的自然智慧也就白白地被送到了地区之外了。他还断言："未来的世界是100%可再生电力的世界。这绝对是可以实现的愿望，我们只是相比较而言走在前面一点而已"。

这个山间的小村庄里，一批先锋者怀揣着领先于时代的"能源自立"理想，他们凭借企业家的冒险精神，努力推动可再生能源发展的身影，给我们留下了深刻的印象。

（滝川薰）

数据

克查赫毛滕镇

人口：3500人
面积：154km²
标高：705m
产业：林业、农业、观光业、工业等
能源自立度：电力343%、热55%、交通0%，计74.8%
目标：于2020年实现130%的能源自立（电力、热、交通合计）

链接

能源自给协会 :www.energie-autark.at
AAE公司 :www.aae.at

❸ 居辛市与周边地区

摆脱能源依赖实现脱贫

Güssing

照片：居辛市。山丘上有古城堡，山麓中散布着住宅和养鱼池，背后是广袤的森林从维也纳市（Wien）开车南下两小时就可以到达居辛市。居辛市位于布尔根兰州（Burgenland）南部，拥有4000人。山丘上的古城与山麓下的养殖池组成了如画般美丽的风景，这里也是承担主要城市机能的市中心地区。居辛市北侧的道路两端是连绵的工厂新区，然后映入眼帘是平缓的丘陵森林，以及大麦、大豆农田和葡萄园组成的乡村风景，再往东10km就进入匈牙利平原地带了。

居辛市及周边自治体是奥地利最早一批致力于能源自立的地区。如今，这里作为生物质能技术的先进地区，吸引了世界各地的研究者和视察团的到来。

为脱贫决定能源自立

居辛市一带在1980年代末是奥地利最贫困的地区。第二次世界大战后，在持续40年的"冷战"时期里，这里与"铁幕"接壤且位置偏僻，几乎没有得到任何投资，也没有与任何高速公路或铁道相连。因为没有任何当地产业，小规模农业又陷入困境，70%的市民都选择离开这里，到维也纳市这样的大城市去赚钱，持续过着只在周末回到家乡的生活。

为什么人们都过着贫困的生活呢？1980年代末镇上的有志者和政治家开始思考这个问题。于是，得出了"一大原因是人们的收入都花费到了能源上"的结论。市民每年支付着约3600万欧元的费用用于煤油、电力和汽油消耗。于是，资金就从当地流向了石油产出国和大型石油、电力集团。如果能利用当地的可再生资源实现能源自给的话，市民支出的能源费用就可以留在当地，并在当地经济圈内循环了。而后，在1990年居辛市市议会上，一致通过了"脱化石燃料"的决议，居辛市也就此迎来了转机。

10年能源自立带来的经济力

"我们努力的方向是尽可能减少对化石能源的依赖。因此，利用当地可再生、可成长的资源尽可能地实现能源生产。任何一个地区都拥有着各种各样的可再生能源资源。对于这些地方来说，首要任务是明确有哪些可长期确保供应的资源类型。"自1992年来担任居辛市市长的皮特·巴哈·达时（Peter Bah Dash）说道。

达时市长与当时的自治体技术官（同时也是一名优秀的工程师）莱因哈特·科赫（Reinhard Koch）是当时居辛市能源自立的带头人（照片1）。

"我们把能源当作自治体的一种基础设施来考虑，与给排水、垃圾处理等一样。自治体因为拥有这些资源，所以也理应担下能源生产的责任"，科赫道出了"居辛模式"的原理哲学。

照片1：能源自立的带头人、工程师莱因哈特·科赫

在脱化石燃料的决议之后，市政府制定了由可再生能源实现能源自给为基础的地区发展规划，并逐步着手开始实施这个规划。首先，对市政府拥有的所有建筑物进行节电和隔热强化改造。以市政府的改造项目为模板，很多民间的建筑物也进行了隔热强化改造。

其次，居辛市构筑起了可再生能源供给网。当地能够长期稳定确保的资源是至今几乎没有怎么利用到的、林业和木工业里产生的木质生物质能。接下来就是利用丰富日照的太阳能热水器和太阳能发电。还有农业生产过程中产生的有机肥、收获残渣等副产品。

从1992年起，居辛市开始以地区为单位、木质生物质能为燃料进行供暖。之后，1996年由科赫与自治体共同出资设立的"居辛地域供暖公司"牵头，开始建设广域地域供暖网。配热管道总长35km，贯通网罗了市区及各产业设施。2001年，木质生物质能的热电联产设备开始运营。电力方面，按照国家的固定价格收购制度进行电力销售。同时，还为汽车生产着以菜籽油和废油为原料的生物汽油。通过以上手段，居辛市在"脱化石燃料"宣言提出后的短短10年里，实现了在电力、热能、交通的能源自给自足。

市内可再生能源的年销售额在2005年涨至约1300万欧元，地区整体涨至约1800万欧元，开拓了农家及森林所有者的额外创收之路。此后，他们还引进了相关企业（后述），创造了就业机会。自治体的税收也在1992年到2009年间增加了4.4倍。市内的幼儿园、学校、体育设施等基础设施得到了整修，市内的文化活动变得更加充实。市内地域供暖系统的供热价格比煤油更低，并保持着稳定的价格。市民们能够实实在在地在日常生活中感受到可再生能源带来的好处的。

可再生能源的产业吸引力

居辛市在自主控制将可再生能源提供给当地的同时，也巧妙地利用这一点来吸引企业。其主要砝码是可以活用当地木材的木工产业。

"因为自治体拥有地域供暖系统，所以可以自行设定供热价格。对于多数企业来说，热能都是很重要的能源种类，特别是木工业会消耗更多的热能。因此，为了吸引企业，市里给出了这样的条件，即提供便宜的热能和土地，同时回收购买木屑、边角木材等原料作为地域供暖系统的燃料。因为布尔根兰州是欧洲的地区振兴对象区，欧盟会向选址在这里的企业支付相应的补助金"，欧洲可再生能源中心副所长约瑟夫·海克（Joseph Hacker）如是说。

这些积极的政策使得居辛市成功地引进了以两家木地板制造大公司为首的50家公司，创造出了1100人的就业机会。同时，为了振兴当地木材业，市里事先建好了以木材干燥设施为目的的工业区，又在旁边建起了木地板工厂。木材干燥设施和木地板工厂每年要消耗大量的热能，它们对居辛地区的供暖公司来说是十分重要的大客户。因为为了提高木质生物质能发电的经济性，可整年利用发电废热的消费者是必不可缺的。

近年，奥地利唯一一家太阳能电池制造商在居辛市设立了工厂。但因为大量引入了这类高能耗制造业，导致市内的热能、电力消耗量大幅增加。2008年生物汽油生产因为高成本以及世界范围内的粮食短缺危机而终止。所以，现在市内的能源自给率在家庭、公共建筑供热方面达到了100%，但是算入产业后就降为85%。电力方面也一样，算入产业后为50%，交通部分仅为18%。综合电力、热能、交通领域来看，居辛市的能源自给率为56%（表1）。电力和热能主要由木质生物质能的两台木屑碎片锅炉和3台热电联产设备产出。

表1 居辛市的能源供需表（含产业，2008年）

	电力	热能	交通
消耗量	40.4 GWh	73 GWh	47 GWh
生产量	19.2 GWh	57.7 GWh	8.4 GWh

居辛市的欧洲可再生能源中心（EEE）

在居辛能源自立的进程中，1996年在居辛设立的"欧洲可再生能源中心"（EEE）扮演了重要角色。该公司是一家非营利性公司，拥有14名员工，担任所长的是前自治体技术官莱因哈特·科赫。EEE承担着制定地区能源自立政策规划、支持实施、协调地区与国家的政治与行政等任务。

EEE活动的特点在于将地区可再生能源设备的建设作为大学和国内外研究机构的研究开发或实验的一环来实施。因此，该地区引入的也是最

照片2：居辛市有名的木质生物质能沼气化设备。这套设备与维也纳理工大学共同开发，采用了流化床蒸汽化技术。首先将木屑碎片加热沼气化，再将沼气冷却释放的热量用于地域供暖系统。一部分沼气经燃烧用于热电联产，热能也注入当地地域供暖系统当中。热电联产设备的发电率为25~28%，如果算上热能设备利用率则可达到85%。同时，一部分沼气用于人工天然气合成设备。该合成设备可以从100%的木质生物质能中制造提取出65%的合成天然气，还能获得15%的热能，其能源效率可达80%，每年可以制造出850吨人工天然气，将此作为原料，使用FT制法每天可以合成1桶人工石油（提供：EEE GmbH）

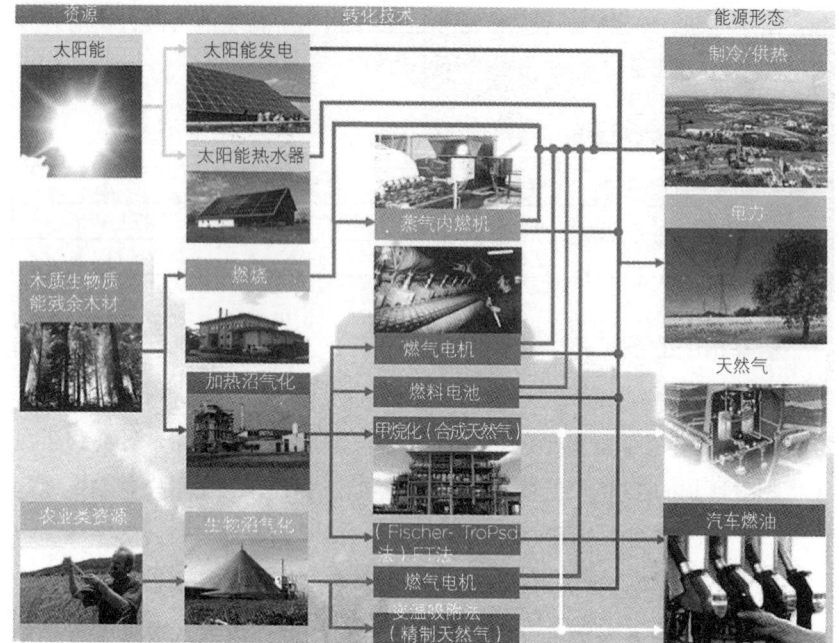

图1：利用居辛市的可再生能源可以制造出的四种形态的能源（出处：EEE GmbH）

先进的可再生能源技术。2001年开始运行的，从木质生物质能沼气化装置（8MW）中得到沼气原料制造人工天然气和石油的实验设备尤其有名（照片2）。对于居辛来说，不仅可以从木质生物质能中获得热能和电力，还可以合成天然气、汽油、柴油、氢、煤油等自治体需要的多个能源种类（图1）。

"昨天，来自美国麻省理工学院的9名研究员结束了他们在居辛为期两个月的研究。即使在山村里也可以进行最先进的科学研究，不必集中于城市，也避免了山村破败衰落的危险。以前这个地区没有高学历人才就业的先例，但现在他们可以住在这里，展开研究和工作。这是一个非常好的转变。"EEE所长科赫如是说。EEE公司利用在当地积累的经验，也开展着国内外其他自治体能源自立的顾问、规划制定等工作。

EEE为了培养当地人才和启蒙市民，与小学、中学、高中、职业学校开展合作，强化可再生能源的普及教育。他们也致力于开发以可再生能源为主题的生态旅游。每年EEE的参观学习项目有来自世界各地的共两万人参加。居辛市与周边的自治体被称作"Energy Land"（能源之地），绿色水滴形的标志在自治体手册及各村的标志性建筑物上都可以见到。他们还将区域内的可再生能源设备串联起来，制作成了可再生能源观光地图。这条观光线路总长125km，也配备了相应的自行车骑行道。

向周边农村地区传播能源自立的理念

居辛市的目标，不仅仅是市内的能源自立，而是实现包括周边农村在内的、地区整体的能源自立。这些地区结成"Eco Energy Land"（生态能源区）联盟。最初有共计拥有人口1.3万人的自治体加盟，至2011年末扩展到了共拥有人口1.7万人的地区。

居辛地区运行的30处可再生能源设备，几乎都是利用农村木质生物质能进行地域供暖以及利用生物沼气进行热电联产的设施。例如拥有940人口的斯特姆村（Strem），就利用玉米饲料和绿肥发酵得到的生物沼气进行热电联产，不仅生产着高于村内电力消耗量的电力，还同时向地域供暖网提供废热。

在旁边的乌博斯德夫（Urbersdorf）村，1996年村民组合共同出资引入了由木屑碎片锅炉和太阳能热水器组合供能的地域供暖网。他们从州和欧盟那里获得了相当于一半投资额的补助金。在村内入口处如谷仓一般的建筑物就是地域供暖中心（照片3）。240m²的太阳能热水器进行产热，不足的部分通过燃烧低品质木材碎屑来辅助。地域供暖中心对村内70个家庭中的50户进行着供暖，管线总长2.5km。

乌博斯德夫村民宿的老

照片3：乌博斯德夫的地域供暖设备（右）。该供暖中心由木屑碎片锅炉与太阳能热水器组合而成，给村内50户人家供热

第三章 奥地利 121

板（村民组合的会计）安·肯德鲁（Ernst Kendrew）说道："这样一来，既没有煤油价格上涨的影响，又让资金留在了村内森林所有者的手中，还与森林管理联系在了一起。大家都对此感到很满意，这是一个相当正确的决定"。

村民组合的经营不是以营利为目的的，所以热能价格仅为煤油的一半。在这个组合里，农户可以交纳"木材"与自家的供暖费用相互抵消，进行差额结算。所以，对农户来说也减轻了供暖费的经济负担。

尽管如此，在生态能源区（Eco Energy Land）内，算入电力、热能、交通三个领域后其能源自给率仅有45%（2008年），尚未达成目标。其中原因有三，一是虽然已在建筑密度高的地区导入了地域供暖的基础设施，但在建筑呈点状分布的农村地区，考虑到经济和效率的问题还没有铺设供热管道；二是奥地利的固定价格收购制度因预算不足暂停过好几次；三是包括前面提到的生物柴油停产等因素。

配置生物沼气管道，于2015年前实现地区能源自立

不过，居辛地区正在寻找解决以上问题的办法，那就是规划生物沼气管道。居辛市已经拥有从木质生物质能中合成天然气的设备，在农村地区也已有3处正在运营的生物沼气设施，另有两处也正在规划中。他们计划将这些沼气接入沼气供给管道，输送到目前地域供暖网无法覆盖的地方，同时供给汽车进行利用。这一规划目前正在逐步实现。

沼气依纯度可分为两类。一类是与天然气同品质的高纯度沼气，将作为汽车用气在村内的沼气站进行供给。居民可以自行对私家车进行由汽油向CNG（压缩天然气）的改造。另一类是将生物沼气去水脱硫后的沼气，用于建筑供暖与热水供应。然后，以地域为单位进用沼气供给管道进行连接配置，构建了总长为247km的生物沼气管道网络。

因为这个地区目前还没有沼气供给管道，所以加入了生态能源区联盟的15个村镇已经逐步开始埋设以上两类沼气的供气管。沼气管道的成本比地域供暖用的热水管成本低廉很多，所以实现起来并不困难。预计配管项目将于2012年春天开始施工。

科赫说："这些都是可以在5年之内一鼓作气实现的。我们将试着5年内在15个自治体内实现电力、热能、交通领域的能源自立"。

现在，该地区每年持续消费的能源费用约4100万欧元，其中一半的资金是在地区内自给流通。如果剩下的一半也能够实现自给的话，这一部分收入就可以支持生物沼气管道的建设和运营了。并且，精制的与天然气同品质的生物沼气以及简制的生物沼气价格都很便宜。生物沼气的供热价格仅为煤油的三分之一，汽车用CNG（压缩天然气）的价格也仅为汽油的一半。这样的话，居民们应该都会选择使用生物沼气。

"能源，意味着大量的金钱和权力。在我们这里意味着4100万欧元。如今其中的一半流向了能源巨头企业。我们只想让这个权力重新全部回到居民手中。"科赫强调说。

大量被废弃的生物质能资源

笔者的一个疑问是，虽然居辛市有大量的节能及太阳能制热的潜力，但若今后以生物质能作为可再生能源主力的话，是否有足够的资源储备呢？

现在，该地区每年生长的森林中有30%被利用，所以还大有可利用的空间。同时，作为拥有巨大潜力的残余物生物质能等，目前还处于沉睡状态。

"无论是哪个自治体都在丢弃着大量的残余物。例如，每年两次的道路杂草清除作业，我们耗费金钱除掉这些杂草却又将其放置扔掉。河边的杂草亦是如此。仅仅这些面积，就足够运行起我们地区内两台大型生物沼气装置。还有行道树、葡萄树的修剪残枝，农业不适宜用地内的白杨种植园等，或者养殖池一年两次的除藻作业。这些都是自治体拥有的资源。我们已经具备了相应的沼气化设备，同时也在进行着清除收取作业，所以仅仅需要适当的统筹和管理而已。"科赫说道。

现在，生态能源区联盟的15个自治体成立了"自治体资源联盟"，准备结成将从家庭、企业、公共事业中收获的生物残余物资源收集到适当的沼气化设备仓库中去的管理团体。

向着不依靠化石能源的国家前行

能源自立决议确定后的20年来，居辛市续行着领先其他地区近10年的能源规划，并逐渐将能源自立运动扩大到奥地利各地。自2009年起，奥地利生物部（主管国土、森林、环境、水、粮食）为了推广居辛模式，开始了"气候能源模范地区"项目，支持那些立志成为能源自立地区的自治体（参考本章第一节）。2011年5月，生物部部长为了帮助实现国家能源自立这一目标，任命了19位国内外专家组成"生态智囊团"，其中就有科赫，他可以将居辛市的经验逐渐变为国家的宝藏。

毋庸置疑，偏远地区面临着高龄化、人口减少、财政紧张等问题，能源自立并不能完全解决以上的所有问题。但是居辛市20多年的经验也告诉我们，凭借自治体坚定的意志和智慧减少对化石能源的依赖，给地方带来生机和活力是完全有可能的。

（滝川薰）

数据

居辛市

人口：4000人
面积：49km^2
标高：229m
产业：工业、农业、行政机构等
能源自立度：电力50%、热能85%、交通18%，计56%

生态能源区联盟

人口：1.3万人
面积：317km^2
能源自立度：45%（电力、热能、交通）
目标：至2015年实现广域范围内所有领域的能源自立

链接

欧洲可再生能源中心EEE：www.eee-info.net
Eco Energy Land（能源生态区）：www.oekoenergieland.at

❹ 福拉尔贝格州

全民参与决定能源的未来

Land Vorarlberg

照片：鸟瞰该州最大城市多恩比恩市（Dornbirn）（提供：多恩比恩市）

福拉尔贝格州位于奥地利西部，拥有37万人口。州域西侧是莱茵河畔的平原，东南侧仁立着海拔2000~3000m的阿尔卑斯山。约80%的居民分散居住在平原地区内的5个城市。虽然这几个城市都是人口在1.4万至4.6万的小城市，但因拥有与德国、瑞士接壤的交通要塞，所以中小产业十分繁盛。与此同时，山丘地区的农村作为旅游观光地也相当有人气。

1980年代绿党加入州议会之后，福拉尔贝格州实施着奥地利国内领先的能源政策。1985年，当地设立了智囊团"福拉尔贝格能源研究所"（原"节能联盟"），并以此为据点开展着节能和可再生能源的普及活动。据2010年统计，州域内能源消费量（电力、热、交通）中，可再生能源所占比例为35.7%。

州内97个自治体中的28个接受了"E5自治体"的认证（参照本章第1节）。在欧洲28个国家848个自治体参加的能源政策品质评选"European Energy Award"（欧洲能源奖）竞赛中，该州的自治体独占了前三位。下面要介绍位居第一的朗根涅格村（Langenegg）。

2009年，福拉尔贝格州的州议会一致通过能源自立议案，目标是到2050年依靠可再生能源实现每年的能源供需平衡。经过透彻的讨论，会议还决定通过全社会都能参与的方式来实现"能源未来"的目标（具体后述），还定下了保障健康的经济基础和生活品质的地区战略。

丰富的水力及木质生物质能

介绍"能源未来"之前，让我们来了解一下福拉尔贝格州的可再生能源利用现状（2009年）。2009年，州内的能源消费量为9242GWh。

对福拉尔贝格州来说，最重要的能源是水力，18座大型水力电站和240座小型水力设备每年产出着3159GWh能源。其中一部分以高价出口至德国、瑞士以应对用电高峰。水力以外的可再生能源发电量为78GWh。经过计算，地区内电力消耗中可再生能源自给率的年间供需比例为97%，月供需比例为77%。

福拉尔贝格州拥有地区最大的公司"VKW集团"。VKW集团内担当销售的是同名的VKW公司，其销售的电力当中84.3%是可再生能源。我们可以把这些电力看作州里电力消耗的最普遍方式，其中70%是水力，3.6%是生物质能，3.6%是风能，1.1%是其他的可再生能源。剩余的部分就是天然气及煤炭火力。

第二重要的能源资源是木质生物质能，每年生产着764GWh的能源，占供暖和热水供应的20%。从占州域面积三分之一的森林中获得木质碎屑燃料供给着89处地区集中供暖设施的燃料，覆盖了所有自治体的管辖区域。除此之外，还有以建筑物为单位的小规模木质生物质能设备共2.6万台，以及以生物沼气作为原料的热电联产设备共37座，这个数字在奥地利位居前列。

同时，州内太阳能热水器的普及率也很高。这是因为对州内的新建筑物设定了设置太阳能热水器的义务。现有的1.2万台太阳能热水器设备，每年生产着70GWh能源。每位居民的平均集热面积为0.5m^2。同时，州里还有利用地热和空气热的热泵供暖设备共5000台，70%的新建筑都在使用这一能源（每年177GWh）。这样，目前热能消费量的25%~30%由可再生能源在进行供给。

相对来说最困难的部分是占据热能消耗量30%的交通领域。除了长期倡导公共交通和自行车出行外，福拉尔贝格州还设立了可再生电力的电动车实验区。即便是这样，目前交通领域也几乎还是主要依赖化石燃料。

通过全社会参与的方式实现"能源未来"的目标

2007年，福拉尔贝格州在能源政策上迈出了新的一步。当时，福拉尔贝格州虽然实施着原有的能源规划（至2010年），但在继续实施此规划的同时，社会认知已经发生了很大的变化。在完成防止温室效应的长期目标和欧盟能源政策课题的同时，为了减少对进口能源的依赖以及在资源趋向枯竭、能源价格高涨中维护当地利益，需要进行比目前更加根本而深刻的改革。

起草福拉尔贝格州能源政策的能源研究所所长，阿道夫·瓦茨杜姆

照片1：能源研究所所长阿道夫·瓦茨杜姆博士

（Adolf Wachstum）（照片1）如是说：

"为了将温室效应的升温控制在2℃以内，我们需要采取与目前完全不同的产业结构和生活方式。所有的经济活动都需要进行脱碳化……所有的人都会受到这个巨大转变的影响。因此，如果我们不实行全社会参与的话，能源自立和减排二氧化碳95%这些目标是无法实现的。我们需要的是根本性的社会改革。"

为了在2050年实现可持续能源利用，我们需要做些什么呢？有足够的能源自立的潜力和可能性吗？仅技术性调查的话，仅能源研究所就可以完成。但他们采用的却不是这种方式，州里希望通过地区和社会范围内的大讨论，让社会形成对这一改革的共识。在接到能源研究所的提议之后，2007年州议会决定开始实施名为"能源未来福拉尔贝格"的参与型项目。

从100人、70次的工作坊中产生的能源目标

为了实现能源目标，能源研究所组织了100名当地专家，组成了10个工作小组。在一年半的时间内实施了大约70次工作坊活动（workshop）。

工作坊成员们的专业领域涉及生物质能、生物沼气、太阳能、水力、建筑、工业、城市规划、交通，还包括电力小型消费者、宣传人员等。专家包括农业专家、建筑师、工程师、政府人员、学者、顾问、环境活动者、市营能源公司职员，整个参与过程都是自愿的。能源研究所负责选择参与人员，组织运营小组讨论，提供讨论必要的数据和报告书等事务。

通过参与的过程，不仅明确了2050年"福拉尔贝格社会"的相应特征，还确定了以下6个目标：

- 遵循可持续发展原则的先进政治理念
- 高效率的能源系统（生产与消耗）
- 向教育和创新产业注入能源意识
- 将可持续的生活方式作为社会价值观的象征
- 优先创造地区价值和竞争力

工作坊还以上面的6个目标为前提，定义了60个基础理念。并以这些成果为基础，向能源有关部门（人员）提出了300项具体建议。这些建议包括政策规制、促进制度、教育与顾问、城市规划、产品、宣传活动、启蒙等大项。最后，根据各小组讨论的结果，提出了不同主题的能源自立方案。在将能源目标数字化的同时，也为达成最终目标制定了相应的中期目标。

不是考虑"不能做什么"，而是考虑"应该做什么"

在制定"能源未来"目标的小组讨论中，能源研究所制定了一系列有趣的规则。参与组员不是站在其代表的团体立场发言，而是站在个人的立场提出建议。

"我们请参与者先将所有的障碍和困难搁置一旁，不考虑在经济、政治、法制上是否可行。同时，参与者不代表其所属团体关心的主题，可以自由地讨论。作为前提条件，充分留出了言论不被批判的安全空间（不对外公开个人的发言）。这个规定起到了效果。让人吃惊的是，小组讨论得出了我们州也可能在2040~2050年间达成能源自立的结论。"瓦茨杜姆博士说道。

与此同时，小组讨论的结果也在州议会上频繁地进行定期报告、讨论，且反复多次进行。最终，州议会一致通过了"能源自立"的提案。

为了最大限度地吸引和保障居民参与，还设置了名为"能源咖啡"的居民议会。

居民议会用统计手法从州内各地选择了130名居民，组成15至20人的小组。各个小组针对目标制定的过程进行一天半的讨论，然后总结建议。

居民议会的分析相当准确到位,这些建议也在后续的控制计划中得到了反应。

"居民议会的分析十分犀利。有意思的是,居民们的对策及建议不仅仅局限于个人兴趣,而是着眼于整个社会关注的问题……如果居民们不一起行动的话,社会将得不到改变,所以通过居民参与,未来能源目标的支持度将大大提升。政治家们如果没有得到居民的理解和支持也是无法实现政策法律化的。"瓦茨杜姆博士说道。

每年节能2%~3%的决定性因素

小组讨论中产生的目标方案里,预计2050年可再生能源生产量可以增加至2005年的1.5倍(4762GWh),同时经过计算,减少60%的能源消耗量至3587GWh亦是可能实现的。所以,福拉尔贝格州是能够在2043年左右达成能源自立的目标的(图1)。整个预测计算是在2050年人口增至42万人、利用目前已经成熟的技术、保证生活品质的前提下进行的。

如果大幅度增加可再生能源利用量,会存在自然保护、景观保护以及土地使用竞争等问题。但按照向节能型社会的能源构造转变的中心规划思想,福拉尔贝格州会尽量避免以上问题的产生,同时控制能源生产的费用。

例如,到2050年交通燃料的消耗会比2005年减少93%。这些都是通过缩短城市内的移动距离来实现的,也意味着未来社会的出行将主要依靠步行、自行车、公共交通等手段。尽量减少私家车的使用,鼓励以电动汽车出行。同

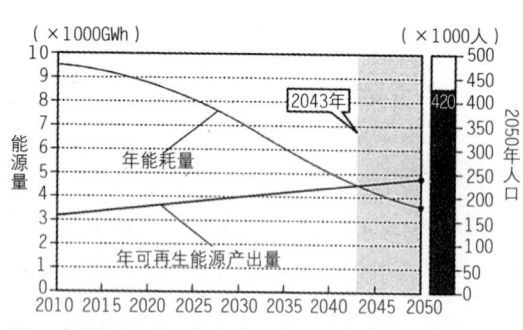

图1:根据不同的目标方案,能源消耗量与可再生能源产出量的变化。根据预测,可在2043年左右实现能源自立(来源:Energieinstitut Vorarlberg)

时，将减少建筑物供暖和热水供应能源的75%、工业热能的80%、建筑物和工业电力的60%。为了达成能源自立的目标，福拉尔贝格州每年需要节约2%~3%的能源。

未来可再生能源的增产将以水力和木质生物质能为主力，同时大幅度增加生物沼气的利用。太阳能热、太阳能发电、地热等可再生能源将作为辅助能源。

全民参与2020年为止的控制计划

以此次目标制定过程的结果为基础，2011年政府制定了至2020年为止的具体控制计划。与目标制定过程相对照的是，控制计划的制定有包括游说家、政治家在内的多领域相关人员的参与，其目的就是避免反对者的出现。

控制计划制定小组的组员，包括目标制定过程的参与者、地区产业和环境团体的共64人。他们被分成4个不同的领域来制定相应的控制计划。然后，在控制计划的有效性方面，将接受来自产业界、劳动组合、专家、自治体联盟等同伴小组的检验。并且由州政府、州能源公司，还有全政党的能源负责人组成的委员会与同伴小组一起，决定条款的优先顺序。在这个阶段也启动了全员参与的过程，并且付出了大量的努力来保证实现参与。

下面我们介绍一下将于2020年实施的控制计划。

在建筑方面，如果能在10年间保持每年总建筑量3%的隔热改造率，到2020年30%的建筑就可以完成隔热改造。同时按照新建筑为"零能耗"、改造建筑为"极近零能耗"的标准来建设的话，仅这一个领域就可以将热能与电力的消耗量减少20%（与2005年相比）。

在交通与城市规划方面，自治体间要展开协作。在短、中距离出行中，居民自行车的使用率要增加5%（达到22%）。为此，州内自治体间修建了相互连接的高速自行车道。在居民中、长距离的出行中，将公共交通的使用比率增加3%（至18%）。交通运输中，将铁道运输增加8%（至

30%）。以汽车能效的提高与电动汽车的普及为前提，计划在交通领域减少20%的能源消耗。

在可再生能源方面，要增加14%的能源产量，将其在终端能源消费量中的比率提高到36%。为此，水力发电需增产200~220GWh。这方面因为环保团体与电力公司已经有了相互合作的能源增产项目，所以不会受到环保团体的反对。

如果完成了以上目标，与2005年相比，2020年福拉尔贝格州，可以减少16%的能源消耗以及19%的二氧化碳排量，由此完成在欧盟的任务。地区的产业界也看好"能源未来"的潜力。

"可再生能源与节能是唯一在成长的产业。与其说在发展可再生能源的道路上坚定地前行是政治上十分明智的选择，不如说这是为了真正解决生存问题"，瓦茨杜姆博士如是说。

政策之"脑"：中立的能源研究所

在州能源政策制定中担任着主要职责的是"能源研究所福拉尔贝格"。1985年，该组织以促进节能和可再生能源为目标，成立了非营利性质的协会——"节能联盟"。协会成员包括州和地区内的能源公司、劳动者会议所、农业会议所、工商会议所、产业联盟、环境团体、住宅供应团体等。能源研究所由多个民间、公共团体共同出资建立，并由州能源大臣担任理事。

研究所的40名职员都是木质生物质能、建筑节能、可再生能源方面的专家，这是州一级的能源研究所的一大特色。研究所每年的预算为340万欧元，三分之一由会费支付，其余部分则由研究调查及顾问的报酬来提供。

研究所的主要业务涉及能源教育、顾问、推广、研究、调查活动等，均以中立的立场向州政府、自治体、企业、居民等提供服务。具体业务涉及能源补助金的配发、面向居民和企业的能源建议、可再生能源与节能建筑的促进、匠人和设计者的教育、居民启蒙、自治体和州能源政策的支援等。

"重要的是将能源主题的研究机构化。只有这样才能就事论事，不受政治风向的左右，将工作继续开展下去。能源研究所扎根于当地，作为能源政策的主要牵引力,任何与能源相关的事务都可以在这里解决。研究所也在实践方面给予行政部门支持,任何的疑问都可以在这里得到中立且科学的学术性解答。于是,行政部门从此不必再依赖于能源公司的情报了。"所长瓦茨杜姆博士说到,他同时也是州能源与防止温室效应部门的负责人。

成为节能建筑先进地区的理由

能源研究所于1980年代开始就一直致力于提高建筑物的节能性能。通过努力,在过去的10年里,将福拉尔贝格州的煤油消耗量减少了40%之多。下面介绍这些对策中比较有特色的部分。

1. **被动节能房的促进**

被动节能房(Passive House)是德国被动节能房研究所于1991年确定的民间节能建筑标准。在制冷、供暖、家电及热水供应的能源消耗量上有严格的数值规定。平均来说,被动节能房的房屋,会在外墙上覆盖30~40cm的隔热材料,窗户采用三层隔热玻璃,同时使用能够从排气中回收热能的换气设备。被动节能房的制冷、供暖负荷,为日本次时代节能基准的三分之一左右[3]。能源研究所从1993年开始在奥地利开展被动节能房的普及活动。此后,继续面向甲方和设计师开展讲座。在住宅的补助金方面,州内制度规定被动节能房的建筑物会得更多的补助金。因此,州里20%的新建筑都成了被动节能房,提高了普及率。

2. **面向甲方的顾问和专家教育**

能源研究所于1980年代起,就致力于甲方的启蒙及顾问,还有建设业界的教育业务。例如,面向建设业界,仅在2011年秋季就开展过以被动节能房、木柴供暖、换气、节能改造、黏土建筑、能源公交等为主题的多样化的讲座。同时,研究所还向甲方提供"能源建议"的服务。分布在州内20个地区的受能源研究所委托的专家们,以中立的立场免费为居民们提供新建建筑及改造、建材、可再生能源等的专业顾问服务。

3. 隔热改造的促进

建筑节能政策的中心是对现有建筑物实行隔热改造。2011年，州实施了针对隔热改造的无利息融资政策后完成了3%的改造率。有了隔热改造的资金扶持，在外壁上进行25~30cm的隔热强化改造的案例增加到40%以上。能源研究所开展着各种各样的活动，促进了当地施工者和设计师的隔热改造业务水平。他们还建立了让甲方可以安心委托节能改造项目的当地设计与施工业界联盟，目前共有65个公司参加。为了加入此联盟，各公司人员必须参加能源研究所开展的讲座，同时经常更新升级业务水平及相关知识。

4. 公营集合住宅的被动节能房义务化

从2007年起，福拉尔贝格州要求建设面向中低收入者的租赁式集合住宅的公司，必须依照被动节能房的基准建设公营集合住宅（照片2）。这也是出于对社会保障的考虑。被动节能房的年供暖费用仅相当于老式建筑约一个月的费用。所以今后如果能源价格变高，住在节能性能低下的老建筑里的低收入家庭就必须支付较高的供暖费用。因此，公营住宅的节能房义务化，与保证低收入人群安心生活的社区规划息息相关。对于州政府来说，也省去了提供给低收入家庭的供暖补助。

照片2：依照被动节能房基准建设的公营集合住宅。1997年竣工，3层木造建筑（提供：Hermann Kaufmann/Energieinstitut Vorarlberg）

多恩比恩市

最后，介绍一下福拉尔贝格州里实施综合能源政策最先进的两个自治体。首先是多恩比恩市

（Dornbirn），人口4.6万人，面积121 km^2（本节开头的照片）。

我们采访多恩比恩市建设局的能源负责人阿诺德·海姆乐（Arnold Hammerle）时，他说道："我们最大的优势在于，所有政党站都在同一条船上，面朝同一个方向，共同努力致力于环境和能源事业"。

自1996年市环境目标制定后，多恩比恩市行政内设置了能源负责小组。参加这个小组的包括副市长、所有政党代表、市政府的各个部长（交通、环境、建设），市宣传部和财政部，还有能源研究所的自治体负责人。小组每年都编制对策报告，并在每年举行的4次会面上定期对进度和内容进行确认和调整。"E5自治体"也参加其中，重点放在持续改善能源政策方面。

该市的座右铭是"打造高品质生活之城"。下面介绍一下该市能源政策中一些值得参考的部分。

1. 学校的节能改造，20年规划

多恩比恩市在公共建筑方面，实施着比州定节能、环保法规要求更高的标准。例如，对学校的改造，三层隔热窗以及30cm以上的隔热材料，热回收式换气设备都是基本配置。我们同时还进行着于2031年将所有学校的建筑都进行隔热和综合改造的计划。为了实施这个计划，市里还专门为学校建设了临时建筑。在改造期间将学生们暂时迁到这个临时建筑中，提供校车接送。一所学校的改造施工完成后，再开始另外一所学校的改造施工，日程安排十分高效。在改造中不得使用任何有害建材，施工人员在施工前必须向市里提交建材清单，接受检查。

2. 自行车与徒步优先

多恩比恩市提倡的是短距离移动的城市规划，致力于打造拥有自行车和步行魅力的城市。市营公交的主要行驶路线每7~15分钟发一辆车。车站周边设计成以移动站（Mobility station）为中心的自行车、拼车（Car sharing）以及市营公交的中转基地。步行者街道从原市中心持续地向周边扩大，营造着活跃的城市中心。市里不再建设新的汽车道，同时减少道路和车行线，对除汽车以外的其他移动方式都采取优待政策。

3. 木质生物质能的地区仓库

多恩比恩市有两套木质碎屑锅炉的地域供暖设施。除了供给约20GWh的热能之外，还带动运行着一大一小的木屑锅炉。为了贮存木屑锅炉的燃料，附设了水泥的筒状仓库。但是，如果给每个设施都附设一个大容量仓库的话，成本会很大。因此，市政府建设了一处巨大的中央木屑仓库，用来及时向各个设施附设的小型仓库配送燃料，仓库的管理运营则由市林业部负责。此举在控制成本的同时，还保证了燃料的安定供给。但是，由于在多恩比恩市周边木屑的利用潜力已经达到开发极限，因此，市里将不再增加锅炉设备。所以，今后如何降低建筑物能耗，以及如何用现在的木屑量为更多的建筑供能是未来的一大课题。

朗根涅格村

朗根涅格村（Langenegg）是一个山间的小村落，离城市区域约20km（照片3）。村人口1080人，面积为10.4km^2。朗根涅格村因发行了当地货币，而且开展了很多维持村落生活的运动而广为人知。"有干劲的村民是我们村最大的资本。"村长格奥尔格·穆斯布鲁格（Georg Moosbrugger）说道。

朗根涅格村在1998年"E5自治体"开展初期就成了实验对象地区。后来也接受了能源研究所的培训。村里成立了能源小组，制定了土地利用、建筑物、能源以及自来水供给、行政、宣传方面的目标和对策。在13年间实施了多达250项的能源对策。村里没有政党，因为村议会的成员都把可持续的能源未来当作奋斗目标，所以对事务的决断也十分迅速。

村里的水力发电站每年生产211GWh电力，此外村里也很重视增加其他种类可再生能源的产量。通过自治体的支援和相关活动的实施，村里购置了两台农家型生物沼气设备和62台木质生物质能锅炉，实现了工业废热

照片3：朗根涅格村的风景。该村的座右铭是"有能源意识地生活"（提供：Geminde Langenegg）

利用。在村落中心地区建起了木质生物质能地域供暖网等。太阳能热水器的安装面积上升到了人均1.4m²。在过去的13年里，村内公共建筑的热能消费量减少了34%，电力消费量减少了47%。实施各项对策的费用是由村民自行承担、补助资金、银行融资各占1/3的方式构成的。

1. 没有煤油的村落

朗根涅格村计划在2015年成为没有煤油锅炉的村落。实际上，当地建筑物的67%、公共建筑的100%都已经是由木质生物质能来供暖了。村政府办公楼通过实施隔热改造，供暖及热水供应的热消耗量已经减少了75%。这些节约下来的费用相当于在6~7年里就回收了当初的改造成本。2003年村政府又在村内中心地区建设了幼儿园、咖啡屋、青少年集会所、音乐教室等公共建筑，还在2010年建成了木造的日用品超市。所有建筑物都使用的是从当地农家那里直接购买来的木材，它们也是满足了被动节能房标准的节能环保建筑。

2. 在农村增加公共交通使用者的努力

朗根涅格村每年都实施着2~3个步行道或自行车道的建设项目。同时，安排市营公交每30分钟发一班车，运用低价销售一日套票、发放公交补助等手段来促进村民对公交的使用。村里的公车作为拼车对象对村民开放，此举也获得了广泛好评。在地区发展规划里，村里规定原则上只允许在中心地区内开辟新建设用地，禁止在没有连接公共交通的地区建设别墅和新兴住宅区。

村议会上，全员一致决定将"有能源意识地生活"作为村里的座右铭，这句座右铭也写在了村内的标志性建筑物上。给作者留下很深印象的是在演讲会上朗根涅格村村长的讲话，他说："能源的未来，意味着物质上的高效率及可持续，同时也意味着非物质上的（精神上的）可持续，包括感恩的心态以及谨慎的态度。一个美好的人生，究竟需要多少能源（能量）呢？这不仅是一个技术上的问题，也是对我们精神的发问。"

在朗根涅格村，"能源未来"与"地区未来"作为同义词在使用。虽然还有30~40年的长路要走，但变革的脚步扎实、稳健。

（滝川薰）

数据

福拉尔贝格州

人口：37万
面积：2601km^2
标高：395~3312m
产业：精密电子仪器、中小制造业、观光业等。
能源自立度：电力77%~97%、热能25%~30%、交通5.75%（2009年），计35.7%。
当地电力公司的可再生能源利用率：84%
目标：于2050年实现全领域的能源自立

链接

福拉尔贝格州"能源未来"：www.energiezukunft-vorarlberg.at/

注释：

1. 根据欧盟的计算方法，2005年的比率为23.8%。
2. 出处：Statistik Asustria 2011.
3. 森林三轮，《建设世界级水准的好建筑》，PHP研究所，2009年。

第四章　瑞士

❶ 瑞士的能源情况

瑞士的能源利用情况

瑞士拥有787万人口,面积比九州略*小。气温则相当于日本东北以北地区**,海拔从193m到4634m,有丰富的地形高差。这里有阿尔卑斯山丰富的水资源以及覆盖整个国土30%的森林资源,都是十分重要的可再生能源资源。

2010年,瑞士的终端能源消费量为253TWh,80%是来自国外进口的非可再生资源,其中的70%是化石能源。与此相对是,可再生能源比率为19.4%,其中占最大份额的是水力12.6%,其次是木质生物质能4.2%,以及环境热能(地下水、地热的热泵)1.1%。

单从电力方面来看,2010年瑞士国内电力产量的比率为水力56.5%、原子力38.1%、垃圾燃烧的废热及火力3.2%、水力以外的可再生能源还相对较少,只有2.2%。在瑞士,推进核能的运动对政治的影响很大,所以导致长年来可再生能源在电力增产方面没有什么作为。1991年博格多夫市(Burgdof)引入太阳能电力的固定价格收购制度后,直到2009年才将这个制度普及至瑞士全国。

热能方面,瑞士可再生能源在终端能源消费量的比率为15.3%(2010年)。利用得最多的是生物质能(特别是木质生物质能),其次是环境热及垃圾燃烧的废热。近年来使用热泵技术的供暖、热水供应设施特别受欢迎,目前设备总数已达到了18万台,其中的40%为高能效地热热泵。在实行新建和改建建筑必须使用可再生热源的同时,瑞士还切实促进建筑物隔热强化和节能改造。

---

* 译者注:日本九州县,面积约35640km^2
** 译者注:日本东北地区是日本本州岛东北部的地区,其北边与北海道岛隔津轻海峡相望

过去10年里的国家能源政策

在瑞士,建筑能耗(主要是供暖、供热水)占终端能源消费量的45%,交通占35%。因此,建筑和交通领域成了能源、气候政策的重点。从1990年起,瑞士全国实施了10年的能源行动计划。2000年的《二氧化碳法》提出了热能及交通的二氧化碳排量比1990年减少10%的目标。

到2010年末,瑞士在热能方面的二氧化碳排量减少了13%。这要归功于国家对煤油和天然气征收二氧化碳税,并对建筑实施了节能规定及补助制度。但相对来看,交通的二氧化碳排量反而增加了13%。虽然瑞士拥有堪称世界第一的公共交通网络,但在汽车的节能规定及石油的环境税方面做得并不够到位。同时,由于电器的增加,电力消耗量在10年间增加了14%。在此背景下,由于移民的加入,瑞士人口在过去的20年里增加了15%。综合来看,在《二氧化碳法》的实施期间内,国内的二氧化碳排量减少了约3.2%。

今后的目标及愿景

瑞士能源政策的目标是于2020年将二氧化碳排量减少20%(与1990年相比)。同时,将可再生能源在终端能源消费量的比率增加至24%,然而欧盟对瑞士的期望值是增加至31%。此外还把至2030年可再生能源电力的比率提升至现有电力消耗量的70%作为目标。2050年以后的长远目标是实现人均二氧化碳排量控制在1吨以内的"2000W社会"(参照第1章第1节)。

但是,这些都是在2011年日本福岛核电站事故发生之前定下的目标。受日本福岛核电站事故的影响,瑞士内阁及国会决定禁止新建核电站。现有核电站的寿命为50年的话,最晚至2034年瑞士会关闭所有境内的核电站。目前,瑞士能源厅正在策划包含脱离核电的名为"能源战略2050"的具体对策。在电力、热能、交通方面,如果强化节能和可再生能源的促进政策的话,瑞士是可以实现既防止温室效应又脱离核电的目标的。目前,能源厅正在致力于这方面的工作。

关于瑞士可再生能源的增产,电力方面最有潜力的是太阳能发电。根据瑞士太阳能联盟的调查,仅利用适宜的屋顶,所产出的电力就可以提供目前电力消耗量的三分之一。并且,如果将正在进行的建筑物隔热改造继续推进的话,太阳热水器可以提供目前热量需求的一半。瑞士能源厅还发布了基于目前的技术将能源消耗量减少66%的目标。

各地区的能源政策

瑞士是由26个州组成的联邦制国家,当中共包括2500个自治体。瑞士自治体的地方分权相当彻底,各州都拥有独立的能源政策和能源法。

在瑞士,电力及地区供热的能源公司完全属于自治体政府的情况占多数。市里经营的能源公司可以提供反映相应能源政策的商品,并展开相关服务。例如巴塞尔、日内瓦、伯尔尼、苏黎世等主要城市,它们都已经领先于国家做出了脱离核电的决定。同时,这些城市拥有的能源公司也在推进着可再生能源电力的增产。2011年,由25个市营能源公司组成的团体"瑞士能源"(SWISS POWER),摆出了至2050年在电力、热能、交通全方位实现100%可再生能源供给的姿态。

为了促进在国家和州级别的先进能源政策,其中最重要的一个工具是"能源都市认证制度"(参照第1章第3节)。现在共有350万人、254个自治体接受了"能源都市"的认证。

与上面提到的城市案例不同的是,以下几个地区在农村地区也开展着以市民和产业为中心,同时受当地行政支援的推进能源自立的项目。它们是爱蒙塔尔地区(Emmental)、戈姆斯地区(Goms)、图根堡地区(Toggenburg)等。这些只是个别案例。不过,2012年春天,由能源都市联盟和能源厅发起的,支援以能源自立为目标的地域项目即将开始。这也标志着瑞士将迎来能源自立运动的高峰。

(滝川薫)

瑞士国家能源情报,启蒙主页:www.energieschweiz.ch
瑞士国家能源自立地区促进项目主页:www.energieautonome-regionen.ch/

❷ 巴塞尔城市州

将可再生能源进行广域性调配的人口密集城市

Kanton Basel-stadt

照片：从设置了太阳能发电设施的巴塞尔展览中心屋顶眺望巴塞尔（提供：AUE/巴塞尔城市州）

巴塞尔城市州位于德国、法国、瑞士的三国交界处，是一个位于莱茵河畔的城市。城市州由以巴塞尔市为中心的三个自治体组成。因为州域和巴塞尔市的市域几乎重叠，因此将其称为"城市州"。巴塞尔市的行政与州的行政也属于同一个运营机关。巴塞尔市是瑞士第三大城市，既汇聚了以化学药品产业为首的企业总公司及工厂，又是瑞士拥有最古老大学的文化城市。

仅37km^2的州域内拥有19.2万人，人口密度达到了5189人/ km^2，这是本书案例中人口密度最高的。州域的60%是城市建成区（住宅、产业、交通等），农地、森林仅分别占11%，这是因为这个地区的农村在历史上曾作为田园州独立过。

巴塞尔城市州从1970年代起，与州环境能源部、市营能源公司及工商会议所结成了紧密的合作关系，进行着可持续能源利用的推广。它们供给着100%的绿色电力，还运营着瑞士最大的地域供暖网，这使得州里的人均一次能源消费量比瑞士平均值少四成。作为人口密集地区，巴塞尔城市州选择了从广域内调配可再生能源的战略。

获得经济增长与减少能耗的双赢

巴塞尔城市州是瑞士实施最先进能源政策的州之一。首先让我们来看一看该州的能源利用状况。巴塞尔城市州每年的终端能源消费量为6000GWh，其中可再生能源的比率占33%（2010年），作为城市来说已经是很高的了。从不同领域分开来看，电力方面达到了100%由可再生能源提供的目标，热能供给方面达到了约15%，而在交通方面则几乎为零。但是，这个数字包括了州以外的阿尔卑斯水力、周边州的垃圾和木质生物质的资源利用。如果纯粹计算州域内的可再生能源产出的话，巴塞尔城市州的能源自给率则是电力19%，热能4%。

巴塞尔城市州人均一次能源消费量的功率为4000W，比瑞士平均的6500W低四成。他们长期的目标是实现"2000W社会"（参照第一章第1节），并且将二氧化碳排量减少11%（与1990年相比）。如果假定为了发电排出的二氧化碳几乎为零的话，巴塞尔城市州的这个二氧化碳减排量的预估目标是比较适当的。

在已取得了一次能源消耗量减少和二氧化碳排量减少成果的巴塞尔城市州，我们看到了经济增长与电力消耗减少的双赢局面。过去的10年里，州内人口缓慢增加，经济水准高于国家平均水平，持续增长。但是，同期的电力消耗量却呈现出略微减少的趋势。例如，在非常寒冷的2010年，相对于全国2.6%的经济增长率，电力消耗量增加4%而言，该州的经济增长率为3.1%，电力消耗量却减少了1.1%。

巴塞尔这样的双赢局面是长年来该州的能源政策取得的成果。

"不使用核能"从1970年代开始法制化

巴塞尔城市州的能源政策历史可追溯到盛行反核能运动的1970年代。1975年，距离巴塞尔10km的邻州凯瑟奥古斯特州（Kaiseraugst）成了核电站的建设候选地，但1.5万居民连续11周占领该地，与内阁进行交涉，最终使核电站项目被冻结。通过类似的交涉和反核运动，凯瑟奥古斯特州超越了党派，与行政、产业、居民结为一体，达成了"零核能"的社会决议。

巴塞尔城市州在1973年的市民投票后做出了不使用核能的决定。1978年还实行了《保护居民远离核能法》，制定了禁止在州内建设核能设施的规定，他们还同时反对周边地区的核能利用，做出了不参与一切涉及核能生产公司投资的决定。这些条款都已经加入州里的宪法。巴塞尔的电力则是由巴塞尔州营能源公司（IWB）提供，一直供应的都是非核电。

为了促进可再生能源和推广节能，1985年实施的《能源法》中，制定了电费的"补助金税"（后述）。在1999年的《能源法》改订中，又增加了"节电税"。在2009年的《能源法》改订中，州议会一致通过了在电费中增加加强固定价格收购制度的税金。这么做是由于国家的固定价格收购制度因预算不足陷入了无法完全发挥功能的窘境。虽然巴塞尔城市州的电费中增加了三项其他地区没有的环境税，却得到了市民和产业界的理解。

电力的"补助金税"

1985年开始实施的"补助金税"制度是额外收取的占输电成本8%的税金,该制度收到的每年1000万瑞士法郎(1瑞士法郎约合6.5元人民币),会用于补助可再生能源和节能对策项目。税额约为1.2瑞分/kWh(1瑞分约合0.065人民币)。州里的补助项目,一般包括对可再生能源设施及高节能的新建筑的建设,以及节能综合改造的补助,还包括启蒙与教育研讨会、会议,以及刊物发行等方面。

另外,每年巴塞尔城市州和工商会议所共同企划的支援活动也在实施。例如,高隔热性窗户的替换,高效率家电及照明的替换,节水喷嘴的折扣等。开展活动时,1瑞士法郎资助款中的8至10瑞分会被用于对当地手工业和商店的隔热节能推广,工商会议所也在热心地进行节能推进。

"代表中小企业的工商会议所非常支持巴塞尔城市州的能源政策,因此在议会上没有任何对于能源政策的反对",州环境能源部能源课长托马斯·费施(Tomas Phish)如是说(照片1)。

通过征收"补助金税",巴塞尔州长年确保了大规模社会基础设施的维护整修财源。例如接下来要介绍的地域供暖网,作为热源的地热设施及木质生物质设施的建设等。小小的巴塞尔城市州在能源领域的补助金金额,每年都在瑞士26个州中位居榜首。

照片1:巴塞尔城市州环境能源部能源课长托马斯·费施(提供:AUE/巴塞尔城市州)

电力的"节电税"

1990年代进行过电力销售的州营能源公司IWB因为获得了多于法律制定的利润,所以必须把电费下调30%。但是,电费下调就会有耗电量大幅上升的可能性。为了避免这一情况,州议会决定征收与电费下调份额相同的"节电税"。这项税金是从

1998年开始从电费中征收的约3~6瑞分/kWh的节电税。

税收的所有收入纳入"节电基金"当中,每年一次性公平地退还给所有的家庭和企业。家庭中每人的退还额为75瑞士法郎(2010年),企业则为工资支付额的0.5%。因为这笔钱的退还与电力消耗量无关,是均等退还,所以越是电力消耗量少的企业和家庭越划算。同时议会也达成了共识,对电费在销售额中占大份额的工商业者采取特别措施,还将化工企业集团排除在了"节电税"制度之外。

"多亏了节电税,让巴塞尔一直保持在高水平的节电状态"托马斯·费施说。

2011年,瑞士决定脱离核能。在实行脱离核能的过程中,国家能源厅将"节电税"制度认定为最重要的政策工具之一,所以未来瑞士以巴塞尔的"节电税"为模版,推广至全国的可能性很大。

州营能源公司IWB

在巴塞尔城市州,由100%州所有的、独立收支的基础设施公司IWB,一手承担着州内电力、地域暖气、天然气供给、电信、水道、垃圾处理等业务。IWB公司拥有750名员工,2010年增收6000万法郎。实行社会基础设施综合经营,对于整合上述领域内的能源事业来说是十分有利的。

在州制定的《IWB法》中,规定了该公司供给100%可再生电力,80%以上的发电设备必须由IWB公司直接所有,禁止向燃气、煤炭、核能等大型发电站出资等条款。公司同时积极促进可再生能源的发展,担任居民和地域企业的节能顾问等。

与社会基础设施事业并行的是IWB公司近年来关注的能源服务事业。这是指IWB公司设计、购入、运营可再生能源设备和高效率设备,不收取额外费用,只从顾客那里收取能源利用费的契约服务。例如,2009年在工厂旧址上建设了酒店、商务中心、购物中心,并活用了临近污泥焚烧厂和废材燃烧场废热的综合项目。仅利用这些废热,可以提供5栋建筑物(约

3.5万m^2）共19GWh的制冷供暖能源。

在今后进一步减少能耗，且电力市场越来越自由化[2]的大背景下，这样的能源服务及环保型能源供给的充实，是让IWB公司保持竞争力、持续生存下去的重要战略。

100%可再生电力的供给

IWB公司的电力100%是由可再生能源生产的，具体电力数据如下：水力发电90.5%，其中瑞士国内产出77.8%，剩余的12.9%从法国购入；其次是天然气和垃圾焚烧的废热、木质生物质能的热电联产设备及太阳能、风力发电等占6.2%，其余的3.3%是从市场购入的出处不明的电力。对于热电联产、市场购入以及进口的电力，则通过绿色电力购买证书给予了可再生能源更多的附加价值。

巴塞尔城市州的年电力消耗量小于1600GWh，其中九成都是由IWB公司的设备生产的。州域内的可再生能源发电设备包括莱茵河的水力发电站、小水力发电站、太阳能发电设施、木质生物质和垃圾焚烧的热电联产设施等。州域外的发电设备主要是巴塞尔州从1930年代至1960年代就参与投资的、瑞士阿尔卑斯的7个水力发电站。IWB公司得益于早期就选择了最好的地点来投资建设了自营的大型水力发电站，所以至今可以把发电成本控制在一个较低的水平。

在欧洲的增产投资战略

IWB公司目前在加紧投入可再生能源的增产。2011年至2014年间，共投资2.2亿瑞士法郎，向着确保约占公司电力供给量25%、年发电量500GWh的新可再生能源电力目标前进。公司85%的投资到了欧洲邻国。主要包括法国、德国的风力发电场，以及意大利、西班牙的太阳能发电场。IWB公司已经购买了法国3个地方的61MW、年发电量约123GWh的风力发电项目。同时，通过参与太阳能集热和发电设备的投资，确保了每年来自西班牙的6GWh电力，剩余的15%则由瑞士国内的项目提供。

"如果此后的4年都能够以每年500GWh的速度增加可再生能源产量的话，到2022年IWB公司的能源就可以全部通过新的可再生能源来提供了"，费施说道。

IWB公司的"欧洲战略"是基于三个原因制定的。一是到2033年瑞士阿尔卑斯的水力使用权将到期。到那时，位于山岳部的州有可能不延长巴塞尔州的水电使用权。其次，瑞士国内的可再生能源发电项目受到地区居民的反对，需要较长时间才可得以实现。第三，对于欧洲最佳位置的可再生能源投资，如果不现在着手，价格会在今后不断飞涨。

将来如果IWB公司可以续约阿尔卑斯的水力发电容量，这便可以成为储存欧洲本地生产的风力和太阳能电力的蓄电池或者备用调整电力，达到理想状态。但是，为了成功实施这个战略，需要增强欧洲及瑞士国内输电网的容量，同时需要欧洲下一代的输电网与瑞士连接。

"不存在电力不足的情况，只有输电网容量不够用的问题"，IWB公司的供给部长伯纳德·普罗维塔（Bernhard Provetta）说道。

40%的可再生地域供暖

IWB公司运营着覆盖了巴塞尔市三分之一、总长为200km的地域供暖网（图1）。连接的建筑数达到了4.5万家庭住宅、工厂及办公楼250栋、公共建筑200栋、医院13所。地域供暖网的热源由43%的垃圾燃烧、12%的木质生物质、3%的污泥焚烧以及42%的天然气（主要是热电联产）提供。这里将一半的垃圾焚烧废热作为可再生能源进行计算，所以现在地域供暖网的可再生能源率约为37%。IWB公司的目标是到2020年将这个比率增加到80%。具体来说，他们正在规划建设一个150MW级别的木质生物质能的热电联产项目。中期目标是提高地域供暖网的联结密度，实现相关设施的扩张等。

下面对IWB公司运营的两个热源设备进行介绍。

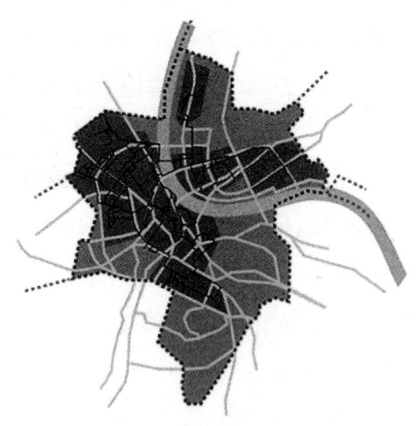

图1：总长200km的地域供暖网覆盖了巴塞尔市域面积的三分之一（提供：IWB）

垃圾焚烧厂

位于巴塞尔工厂区中央的垃圾焚烧厂处理着当地70万人的家庭垃圾（照片2）。垃圾焚烧厂通过焚烧垃圾产生的高温蒸气进行发电，废热则提供给工厂作为工业蒸气以及提供地域供暖的温水。巴塞尔垃圾焚烧厂的能源利用率，合计热能电力可达80%，已在瑞士达到了相当高的水平。

照片2：工厂区内垃圾焚烧厂的废热和木质生物质能的热电联产设备是当地地域供暖网的重要热源

木质生物质能·热电联产

垃圾焚烧厂的厂房里，于2008年添置了功率为30MW的木质碎屑锅炉。木屑燃烧产生蒸气，供给垃圾焚烧厂内现有的发电·地域供暖设备，能源产出可供约5000户家庭使用，其中电力约17GWh，热能132GWh。合计电力和热能，其能源利用率可达84%，这是一个相当惊人的数字。根据垃圾焚烧厂一年里地域供暖系统的热能需求的变化，木质生物质能设备在夏季热能需求量较少的时候会暂停运行。

这个木质碎屑锅炉每年需要约20万m^3的大量低品质木屑，这些木屑都是从周边50km以内的范围内调运过来的。为了保证木质生物质能设施燃料供应的稳定，州内外的森林所有者都参与了投资。周边地区182位森林所有者还联合设立了拉乌里卡（Raurica）股份有限公司。他们是占发电站股份51%的股东，负责燃料的供应，其他的股东则包括IWB公司和邻州的能源公司。借由这样的地域间合作，确保了发电厂长期运营的稳定性和经济性。

里恩市的地热（温泉）地域供暖系统

隶属于巴塞尔城市州的里恩市（Riehen），地域供暖网总长30km，连接了约22%的居民住宅，共450栋。50%的热源来自地热（温泉），剩余的分别来自天然气热电联产44%，木质生物质能3%，煤油3%。里恩市的地热地域供暖系统是从1994年开始运行的，到目前为止温泉的温度仍旧保持不变，是优秀的可持续利用范例。2011年设施被翻新扩张，升级为可以提供700栋居民住宅的热能需求。

这套地域供暖设施的运行原理是抽出市中心地区1547m深的60℃的温泉水，通过热交换器将其热能转换到地域供暖系统中的水中，而后冷却至25℃的温泉水被送还到距离取水点1km，深约1247m的蓄水层内。地域供暖设施中的热水再通过热泵升温至90℃。热泵使用的电力来自天然气热电联产，设备则由里恩市与IWB公司共同所有。

近年来，巴塞尔城市州着手建设更大规模的地热发电·地域供暖设备，同时使用干热岩技术的地热发电建设项目也在进行中。干热岩技术是将高压水流通过不含蓄水层的地下4~6km处的高温岩层，从而获得100℃以上热水的技术。但是，2006年这项工程引发了地震，迫使项目冻结。不过，只要取得一定的技术进步，深层地热利用也许会再次被提上议程。

最大的课题是减少建筑的热能消耗

巴塞尔城市州每年的热能消耗量为3423GWh，占终端能源消费量的六成。如何减少热能消耗是未来能源政策中最重要的课题。

目前为止，最重要的政策工具是州定《能源法》中的建筑能源标准（照片3）。与其他州相比，巴塞尔城市州的规定要求使用隔热性能高出

照片3：1896年建设在景观保护区内的集合住宅节能改造案例。实施了墙厚20cm、屋顶36~50cm厚的隔热强化保护，更换成三层隔热窗户。热水及供暖所需的能源通过太阳热水器和太阳能发电对建筑物进行热能自给。设计Viridén+Partner（©Nina Mann/ Viridén+Partner AG）

10%的墙壁和屋顶。并且，对于新建的独立住宅，最低限度的隔热材料厚度要达到20~24cm（U值0.18W/m²K以下），且必须使用三层隔热窗户（U值1.0W/m²K以下），只有达到以上标准才能获得建设许可。此外还规定无论新建或改造，建筑物50%以上的热水供应都必须由可再生能源来供给。但如果建筑物与地域供暖网相连接就可不遵守此规定。

对于国家制定的隔热改造支援制度，该州也在努力地强化实施。例如，州里向那些计划对建筑进行全面改造的业主免费提供名为"改造指导"的服务。尽管如此，还是没有达到十分理想的改造率。

为了实现"2000W社会"，州里所有的建筑到2050年必须进行一次节能改造。总之，改造是不可避免的，但围绕改造还有诸多问题待商榷。

促进公共交通、自行车、徒步出行

交通运输能耗占巴塞尔城市州终端能源消费量的19%（每年1121GWh）。巴塞尔没有生产生物燃料的计划。不过IWB公司与周边地区的能源公司合作，正在瑞士北部进行着生物燃气的生产。

巴塞尔附近的普莱登（Pratteln）在2006年开设了生物燃气设施，每年对1.5万吨的家庭生活垃圾、花园垃圾、餐饮垃圾以及绿地管理产生的有机垃圾进行发酵，可生产180万m³的生物燃气、化肥和液态肥料。而后，精制的燃气也注入IWB公司所有的燃气网中，在相邻的高速公路加气站出售。虽然他们今后也有增设这种生物燃气设施的计划,但由此获得燃料的潜力并不大。

目前,交通部门的主要对策是鼓励公共交通、自行车、徒步出行。巴塞尔城市州是公共交通系统高度发达的城市,95%的居民都居住在距离车站350m以内的范围。即使在乘客很少的时候,路面电车和公交也会在15分钟的间隔内出现。瑞士北部还有非常便捷的交通年票,因为每年只需要700瑞士法郎就可以无限次乘坐所有的交通工具,所以巴塞尔的四成居民都在使用这个年票。自行车道和步行道也经由长年的各项改善变得更加充实了。

州内居民的出行,公共交通、自行车和徒步占据了六成。为了减少州内使用私家车的比例,州里还对电动自行车及电动摩托车提供10%的补助,此举获得了很大的反响。

州域内可再生能源资源的可能性

上面主要介绍了巴塞尔城市州从周边地区创建热能输送通道,以及从国内外地区调配电力来实现可再生能源供给的途径。但是,每个地区内的节能和可再生能源潜力到底有多少呢?

受巴塞尔城市州的委托,以德国的北豪森专科大学(Nordhausen)的迪特·D·耿士克(Dieter D. Gensuke)教授为中心的研究小组开展了调查(又名:耿士克调查)。调查内容包括:针对"2000W社会"的能源供需预测,以及达成此目标所需要的对策分析。

据调查,如果在巴塞尔城市州实现"2000W社会"及地区内的能源增产,结果很令人意外,到2050年热能的19%、电力的58%都可以通过可再生能源实现自给自足(图2)。这不仅仅是单纯的技术潜力计算,也是考虑了经济、景观、环境等方面的现实制约条件后得到的结论。电力方面,适合太阳能发电的屋顶面积共200hm^2,居民有效利用这些面积是前提之一;热能方面,除了节能改造以外,地热、污水热、太阳能热的增产也是前提条件。

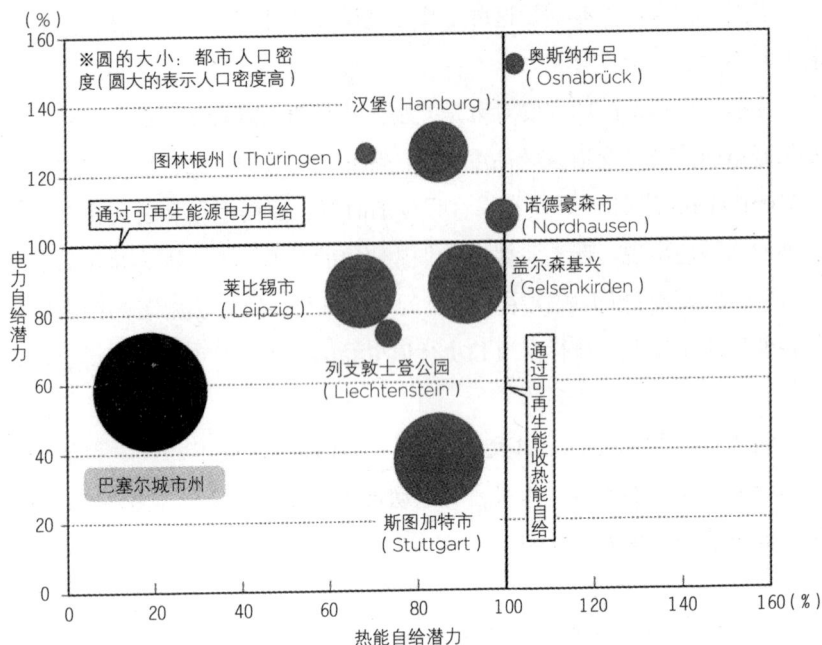

图2：巴塞尔城市州区域内的可再生能源潜力。耿士克教授调查的巴塞尔城市州内实现可再生能源潜力与德国其他城市的比较图。圆的大小代表人口密度，地区内可能实现的自给自足程度因各个城市环境条件的差异而有很大的不同（出处：Basel auf dem Weg zur 2000-Watt-Gesellschaft，AUE）

不过，对于已实现大幅节能的巴塞尔城市州来说，在地区内实现100%能源自给自足还是不可能的。因此，与周边州的合作，还有对地区外设备的投资战略都是必不可缺的。

实现"2000W社会"的高难度对策

调查中还指出，即使巴塞尔城市州的可再生能源设施已经相当发达，以目前的能源政策进度来看，是无法达成"2000W社会"的目标的。相对地，只有更加努力地实施"2000W社会"的能源政策，才能够达成目标。在只使用地区内资源的情况下，到2050年人均一次能源消耗量会从现在的4000W减少到2750W，并且人均二氧化碳排量可减少到3.4 t，到2075年人均一次能源消耗量则可减少到2000W。

为了实现巴塞尔"2000W社会"的目标，每年市民人均需要负担的成本是120瑞士法郎[3]，环境能源部认为这是一个能够负担的金额。而且在2050年之后，通过节能而节省下来的费用将比升级转换基础设施的投资额更多。

"从6000W到4000W是比较简单的，但是从4000W到2000W就会越来越困难。那些简单而成果显著的对策已经全部得到实施。今后应该会出现政策本身难度高，有实现不了之处，或者政策实施过程中出现困难的情况"，费施说道。

实行起来比较困难的对策包括控制私家车和飞机的使用，节能改造的义务化等方面。

在耿士克的调查中，实现巴塞尔城市州的"2000W社会"目标需要以下的对策。首先，制定"2000W社会"的能源总体规划。其次，节能改造的义务化和积极的补助对策，或是对不使用太阳能的住宅主人进行罚款，强化对大量能源消耗者的约束等。同时，实现地域供暖的高密度化、低温化。尽量减少居民移动的距离等。

当然，为了达成上述目标，从州的层面强化对国家管辖的煤油和石油的二氧化碳税的征收，并强化电器产品的节能规制都是必不可少的。

什么时候可以实现"2000W社会"？

巴塞尔城市州的目标是每年人均二氧化碳排量1吨的2000W社会。州内的行政机关、所有的建筑及公司到2050年实现"碳中立"。但令人遗憾的是，作为一个社会目标，目前并没有规定实现"2000W社会"的具体时限。所以与其在州里高喊能源政策的口号，不如一点点在实践中积累对策。

实际上，州行政部门考虑在2050年左右达成"2000W社会"的目标，这也是全社会的共识。今后，需要更多的居民协助和参与，进一步明确设定巴塞尔的未来目标，并积极开展地区间的交流。

巴塞尔城市州的案例，告诉我们属于城市地区的州，依靠强烈意志是可以实现不依赖国家，自主实现节能和可再生能源对策的；在电力方面亦是，其在欧洲各地分散地投资能源设备的做法，也可以供高人口密度工业城市参考。今后在开发当地能源潜力的同时，加强与周边州广域范围内的合作是很有必要的。

（滝川薫）

数据

巴塞尔城市州

人口：19.2万人（都市圈85万人）
面积：37km^2
标高：244~522m
产业：化学、制药、保险、银行等
能源自立度（仅限地区内资源）：电力19%、热4%、交通0%、总计7%
包含区域外资源的可再生能源利用率：电力100%、热15%、交通0%、总计33%
目标：到2022年，电力的可再生能源利用率达到200%，2020年地域供暖的可再生能源率达到80%，长期目标是实现"2000W社会"

链接

巴塞尔城市州环境能源部：www.aue.bs.ch
能源观察团：www.energiezukunftschweiz.ch

注释：

1．垃圾焚烧废热利用的一半作为可再生能源计算．

2．瑞士的电力市场仅对大型能源消费者实现了自由化。据了解瑞士将在2014年实现电力市场的完全自由化．

3．"2000W社会"的成本是每年2300万法郎（州域内）。同州每年的石油费用约3亿~4亿瑞士法郎．

专栏1

厄斯特费尔德镇（Erstfeld） 由镇营能源公司实现的先进地区

居民参与当地行政

位于瑞士中部乌里州（Kanton Uri）的厄斯特费尔德镇是紧靠穿过阿尔卑斯山铁道主干线，拥有3800人的小镇，以铁路产业而繁荣。

1998年，一些居民认为有必要开发未来的能源，因此在小镇创立了"能源小组"。能源小组的发起人是长年在瑞士环境能源团体从事代表工作的阿尔明·沃尔伯格（Armin Walbourg）等人。这个想法立刻得到当地领导的共鸣，于是，能源小组发展成了有镇营电力公司代表、镇森林管理官员、行政人员等共同参加的官方组织。2001年，该组织取得了切实的活动成果，厄斯特费尔德镇得到了"能源都市"的认证（参照第一章第3节）。

进行过自然再生恢复后的小水力发电站周边环境（提供：Armin Braunwalder）

此后，能源小组演变成了镇的"能源都市委员会"，与镇营电力公司及行政部门一同继续改善小镇的能源政策。现在，居民人均一次能源消费量为3400W，仅为瑞士平均值的一半。他们的目标是实现2000W社会，中期目标是到2020年实现3000W社会的目标。

环境影响小的小型水力发电

在实现目标的过程中，担任核心角色的是镇营自来水及电力公司。公司的24名职员有着共同的经营目标，把节能和可再生能源利用作为最重要的工作项目。厄斯特费尔德镇在电力方面实现了143%的能源自给率，一半来自小型水力发电。利用阿尔卑斯山的水力资源供功率为1.8MW、7.1MW、130kW的水力设备生产电力，同时也利用自来水管的高差进行输水管道发电（功率120kW）。

这些发电设备得到了"Nature Made Star（自然之星）"标准的认证。这是瑞士环境电力机构发行的绿色电力的品质认证，也是对环境影响小的发电站的证明。同时，"Nature Made Star"发电站所产出的电力，每度电会额外收取1瑞分（约0.065元人民币）的费用，之后，利用这些资金对发电站周边的自然环境进行保护再生。该镇可再生电力销售所得资金的一部分会存入基金，作为节能型家电和可再生能源的补助金返还给小镇居民。

不使用煤油和电力的供暖

热能方面，该镇的能源自给率为32%，计划至2020年增长到50%。现在，镇内有249台热泵供暖设备和80台木质生物质能供暖设备、100台太阳能热水器，而公共建筑热源的八成来自可再生能源。镇内两所学校都设有木质碎屑锅炉，也同时在对周边地区进行供热。镇里也在持续监控公共设施，期望减少建筑能耗。

该镇以"不使用煤油和电力供暖的小镇"为目标，所有的建筑都安装了供暖、供热水的锅炉。预计到2020年，可以将电力供暖降为零，煤油供暖减半。

在替代现有热源时候，该镇致力于对太阳能热水器与自来水道热泵的活用。在太阳能的利用方面，通过分析全镇的建筑屋顶面，得出了有20000m^2安装太阳能热水器的潜力、80000m^2安装太阳能发电板的潜力的结论。特别是太阳能热水器，目前小镇正朝着至2020年设置500台，占建筑总数40%的方向努力。

同时，在临近厄斯特费尔德镇的地方，从低海拔处开始的贯穿阿尔卑斯山的管道铺设项目正在进行之中。这套管道内将整年提供16~18℃的温水。镇里计划从2016年开始用热泵把管道中的温水利用起来，用作地域供暖网的供热，目前正在为此做准备。该镇正逐步将未来利用温水进行地域供暖的新区和集合住宅区落实到镇能源规划图当中去，所有的道路已经完成地域供暖管线的埋设。同时，在预计会接入地域供暖网的小区内也进行着建筑物的隔热改造工作。

让能源政策成为村里的骄傲

在厄斯特费尔德镇，每年都会举办"能源都市节"。这个节日用来表彰那些名副其实能源都市行动项目的家庭和企业，以及融入了市民参与的项目等。2011年，该镇的能源都市认证评价项目的完成度达到了77%，也因此获得了欧洲能源奖（European Energy Award, EEA）的金奖。

"小镇居民为此也倍感骄傲"，镇能源都市委员长、现州议会议员阿尔明·沃尔伯格说。

（滝川薰）

第五章 意大利

❶ 意大利的能源情况

丰富多样的意大利

意大利，一个国土面积比日本小20%，总面积约30.1万km²的国家，共有6070万人生活在这片土地上。意大利是一个向地中海突出的南北细长的长靴形半岛。从北边阿尔卑斯山岳地带到南边地中海气候的岛屿，气候、地形、植物的变化都比较丰富。意大利属于火山国，会时不时低频率地发生地震。

意大利由20个州组成，其中5个是自治州，州下面又分为110个市，而后又分成超过8000个被称为克姆内（comune）的自治体。意大利行政系统的特征是州、省，以及克姆内的较大的行政独立性。

意大利国土环境的多样性也对可再生能源的分布产生了影响。从大的分类上来看，意大利北部水力的潜力较大，而南部及岛屿群则是风能的潜力较大。此外是几乎能够惠及全意大利的太阳能资源。国家政策中投入力度最大的也是对太阳能的补助和扶持。

此外，地热资源也是意大利的一大亮点。在中部托斯卡纳州（Toscana）的波米朗基（Pomerance）的比萨市（Pisa）有建于1904年的世界上第一座地热发电站——拉尔代雷洛（Larderello）地热发电站。这个地热发电站直到今天还在为当地供给电力。加上现代的地热发电站，托斯卡纳州终端能源消费量的25%都是由地热发电提供的。托斯卡纳州是欧洲地热研究的中枢，如果拿日本做比较的话，托斯卡纳州就像地热资源十分丰富的日本大分县一样。

目标是2020年可再生能源比率提高至17%以上

意大利对化石燃料的依赖程度较高，进口着比例相当高的化石能源。例如，意大利2009年的终端能源消费量的41%是通过石油供给的。但因为石油的使用量年年都得到控制，使得意大利的石油消耗量与2000年相比之下降了8.5%。另一方面，可再生能源所占比率有了飞跃式的增加，至2010年增加到了8.1%。按照欧盟的指令，意大利目前的目标是到2020年让可再生能源的比率在能源消耗总量中提高至17%。

从能源类型上来看，电力的主要来源是占全产量63.8%的煤炭，以及天然气等传统火力发电，再者13.4%的电力是依靠进口。

电力中可再生能源的比率为22.8%（最终能源消耗中比率为18.4%），其中最重要的是生产了15.3%电力的水力发电，而后是风力发电占2.7%，地热发电占1.5%，生物质能占1.2%，生物燃料占0.9%，生物沼气占0.6%，太阳能发电占0.6%（2010年）。

另一方面，在热能方面，可再生能源所占的比率占终端能源消费量的6.5%，而后是未来利用潜力最高的生物质能，以及利用热泵的环境热能和地热利用，还有太阳能热水器。热领域的目标是到2020年总热能产出量的32%左右由可再生能源提供。

虽然意大利没有利用核能发电，但最近几年围绕核能有过诸多的故事，笔者将在这里简单讲述。

全民投票决定的两次脱核能

2011年6月12日、13日两天，意大利关于是否赞成建设核电站再次进行了全民投票，而后，意大利放弃核能这一新闻传遍了全世界。

而早在切尔诺贝利核电站事故的翌年，即1987年，意大利其实已经通过全民投票，决定了新的核电站建设法成为废案。不久，又将已建成的核电站关闭。所以，此次全民投票的结果，可以看作是意大利的"第二次脱离核能"宣言。

此次国民投票的整个过程十分戏剧化。2009年，已然对重启核能等相关法案准备就绪的贝卢斯科尼首相，在呼吁民众对自来水道民营化等总共4个项目的投票进行弃权处理的同时，对投票率未过半数全民投票自动无效抱有很大的期望。加上投票日又是在6月中旬的周末，有投票权的人们多数已外出避暑度假，所以投票率显著低下的可能性十分大。

但是，投票的结果却与贝卢斯科尼首相的预想大相径庭，投票率达到了57%，并且95%的人都反对核电站再运行。对于贝卢斯科尼政权的不信任以及来自日本大地震福岛核电站事故的大冲击，让民众没能去海边避暑度假，而是去了投票站。

受到这次国民投票结果的影响，贝卢斯科尼首相辞职。同年11月18日，蒙提（Monti）新内阁上台。新内阁中的科拉多·科利尼（Corrado Clini）环境大臣在国营电视台的讨论节目中发言道："意大利应当考虑核能发电"，以中道左派、绿党等为中心，发出了"不是已经在国民投票中有结果了？！"等严厉的批判声音，在2008年制定的意大利国家能源战略中，以核能为中心的政策以及核能项目都被完全废除。

政府扶持为绿色经济（Green Economy）带来生机

这里想简单地对最具有代表性的意大利国家能源补助制度"绿色电力证书"进行介绍。该制度已从1999年实行至今。与此并行的制度，是面向太阳能发电的固定价格收购制度的"Conte Energy"项目，已经从2005年起分为四次分别导入。其中第二次导入（2007~2010年）使得太阳能发电的总功率从87MW飞跃到了3470MW。作为第二次导入的延伸，第三次以及现在的第四次"Conte Energy"项目（2011~2016年）目前也在向前发展，可以预见意大利的太阳能发电在不断地普及。太阳能电力收购的年限为15~20年。

在制冷供暖方面，除了已经导入对鼓励节能的"能源效率证明（TEE）＝白色证明"（电力、燃气公司的节能对策以及高能效制品的普及，以及建筑物的隔热施工等节能效率的证书，可在市场中使用）以外，还有根据公司及个人设置的可再生能源制冷供暖系统，扣除相应55%税金的补助制度。

这些补助制度，使得意大利的绿色经济得到了突飞猛进的发展。于是，在国民投票之后，面向可再生能源开展了更有实质性的经济活性化对策。蒙提内阁将如何挥舞指挥棒吸引了民众的广泛关注。

意大利的力量蕴藏在自治体里

最近几年,那不勒斯的垃圾问题在引起不小关注的同时,也使得意大利是"环境落后国"这一国家形象在全世界传开来。确实,意大利确实有很多根深蒂固的问题,但也有与那不勒斯同州的萨勒诺市(Salerno)却是意大利垃圾分类回收率第一位(2009年)的案例。

可再生能源的普及率也是如此,市比州,或者更细化到克姆内*尺度后,可以更明显地看出政策的不同。欧洲其他国家亦是如此,只是意大利尤其明显。国家尺度的项目到实现为止,需要相当庞大的各种文案、资料,但是,在自治体尺度,时间是非常有速度感的。所以,在可再生能源方面,特别是由部分向整体的成功波及是非常值得我们期待的。各个克姆内如同拼花镶嵌的一块马赛克,描绘着意大利国家能源目标这一最终设计方案。

意大利的环境NPO"Legambiente"每年发表着名为《克姆内的可再生能源》报告。根据2011年版(Comuni Rinnovabili 2011, 2010年的数据)报告的数据,意大利有964个克姆内在家庭用电方面已生产着大于其自身能耗的能源,在热能供给方面则有27个克姆内也实现了此超量。电力和热能两方面均实现100%可再生能源自立的克姆内共有20个,除一个以外其余均为人口6000人以下的小型克姆内自治体。

(田代 Kaoru)

---

* 译者注:克姆内(Comuni)是意大利的自治体单位名

❷ 博尔扎诺自治市

历史培育出的自治精神与能源自立

Provincia autonoma di Bolzano-Alto Adige

照片：家庭能源实现100%可再生能源供给的布鲁尼科镇（Brunico）。冬季作为滑雪圣地有众多的游客来访（提供：Associazione Turistica Brunico）

乘坐列车由意大利南部向北进发，自进入最北段的特伦蒂诺·上阿迪杰自治州（Trentino Alto Adige）后，窗外的风景一下子就变了。车窗外的苹果园和葡萄园呈几何状整齐排列，不久后看到的城镇建筑亦是十分规整的样式。

如果联想到特伦蒂诺·上阿迪杰自治州不仅仅使用意大利语，德语也是官方语言之一的话，我们就会对风景的变化恍然大悟了。大胆些评价的话，这秩序井然的风景有点不太符合意大利的风格。车窗外的风景虽然属于意大利，又呈现出地理位置十分特别的自治州特征。

特伦蒂诺·上阿迪杰自治州北边与奥地利、西边与瑞士接壤，与南边的特伦提诺自治市以及北边的博尔扎诺自治市呈上下叠合形态。本章将主要介绍博尔扎诺自治市以及更小尺度的克姆内（自治体）的能源自立情况。

电力和热能的56%由可再生能源提供，至2020年升至75%

博尔扎诺自治市是总面积为7400km^2，超过50.76万人在这片土地上生活。在实行意大利语和德语双语政策的同时，罗曼语方言的拉丁语也作为公用语被官方承认。

这里位于阿迪杰河（Adige）的上游，所以被称为"上阿迪杰（Alto Adige）"。因为被壮美的阿尔卑斯山脉环抱，自治市的主要产业之一是观光业，以美丽的村落作为据点的山岳度假区每年有众多的观光客来访。但是近年除了观光之外，这里也吸引着世界的目光，那就是可再生能源的推广政策。

事实上，市内的电力生产量已经达到了100%可再生能源提供的目标。电力和热能加起来的话，达到了56%的可再生能源率（除去交通）。市的目标是至2020年达成75%的电力、热能消耗量由可再生能源来提供的目标。

同时，根据环境NPO Legambiente的报告，在生活家庭用电及热能方面，达成100%可再生能源自给自足的意大利自治体共20个，其中的14个都是博尔扎诺自治市的自治体。如此压倒性的优势，那么令博尔扎诺自治市为之自豪的究竟是什么呢？

在介绍其政策之前，首先让大家了解一下博尔扎诺自治市的历史背景。

动荡的岁月后，终获自治权

在欧洲，历史上因战争和政治等原因有过动荡岁月的地区并不少见。

如果追溯这个地区的近代史，第一次世界大战前，蒂罗尔州是归属于奥匈帝国的。但是，因为居住者中有一部分讲意大利语的居民，所以，意大利一直将这片土地作为未回收的领土对待。因此这个地区陷入了两国争执的漩涡之中。结果，在第一次世界大战结束，奥地利败北之后，仅南蒂罗尔州于1919年正式回归意大利，成了特伦蒂诺·上阿迪杰自治州。

而后的法西斯主义时期，墨索里尼一度想让整个蒂罗尔州回归意大利，甚至推行了禁止使用德语等强硬的政策。但之后局势改变，1943年意大利自第二次世界大战战败之后，这个地区又被德军占领。第二次世界大战结束后，比起回归意大利，南蒂罗尔地区曾有过更希望统一回归蒂罗尔州（属于德国）的意愿，但最终没能实现。作为对最底线的自治权的尊重，意大利于1946年拟定了"德·加斯贝利（De Gasperi）协定"，将此地区定为州和市级别的特别自治区。

反复受到国内外政治权力者们影响的当地人，比起国家这种统括抽象的政治概念来说，更能对省和自治体，以及自己的特点加以理解和考虑。而且，在特别自治州的自治方面，这种独立的思维对于环境能源政策的促进也有着不可磨灭的巨大作用。

与国家能源政策背道而驰的决断

"大约20年前，市议会正式开始为实现能源自立制定相关政策。当时，意大利执行的是强化从阿拉伯诸国、北非、俄罗斯等地进口能源的能源方针。所以，我们的政策是与国家的能源方针是背道而驰的。"掌握着该市能源政策关键的城市规划·环境·能源局局长米歇尔·莱梅鲁（Michiel Raymeru）州议员如是说。

在切尔诺贝利核电站事故之后，意大利通过全民投票决定封锁核能，取而代之的是对能源进口的强化。另一方面，博尔扎诺自治市以1992年原国营电力公司L'ENEL民营化后带来的电力市场自由化为契机，决定将能源自立作为努力的目标和方针。

为建设发电站、地域供暖等设施,至今该市已经累计投资12亿欧元。自治体内亦相继诞生了许多中小规模的能源公司。

其中,市拥有94%的股份,102个县与4个共同体拥有剩余6%股份的股份公司SEL创立于1998年,通过买回原L'ENEL公司拥有的市内发电输电系统等,逐步扩大了电力、天然气、地域供暖设施的运营,如今已成为市内最大的能源公司。

让我们从2009年的数据来看一看这个电力和热能达到56%可再生能源自给率的自治市的情况。

生产着需要电量两倍电力的水力发电

博尔扎诺自治市自19世纪末起就开始了水力发电。对居民来说,可再生能源已经是一个十分贴近他们的生活。电力供给方面,如今位于可再生能源首位的仍是水力发电。2009年市电力总产量为5995GWh,其中5760GWh(占96.1%左右)的电力都是来自于水力发电。同年,家庭、工业、服务业的终端能源消费量为2946GWh,也就是说,当地的电力产量达到了其电力需求量的约两倍。

市内共有930座水力发电站,其中,220kW以下的小型水电站有784座,3MW以下的中型水电站有116座,3MW以上的大型水电站有30座(照片1)。虽然水力产出的电力中86%都来自大型水电站,但3MW以下的小型水力发电的总功率在逐渐上升,2010年上升到了74.3MW。

照片1:市内水力发电站的发电机。现在3MW以下的小型水电站已多于900座(提供:A. Filz /enertour)

第五章 意大利 167

关于水力发电的未来，市的方针是控制建设新的发电站（但小型水电站除外），并对现有发电站进行迈向现代化的投资。今后的挑战则是如何灵活运用剩余的电力。

市城市规划·环境·能源局职员萨宾·施瓦茨（Sabine Schwarz）说道："将水电的剩余电力运用于家庭供暖，以及开发高效利用剩余能源的革新技术等都将是我们今后努力的方向"。

意大利式的居民太阳能发电？

虽位于山间，博尔扎诺自治市的年均晴天数却达到了300天。有着利用太阳能的大好条件。如此良好的气候以及2005年意大利引入的针对太阳能发电的20年固定价格收购法（FIT），再加上市里专门针对设备投资的补助，使得这个意大利最北部的地区在普及太阳能发电方面获得了成功。2006年，仅0.6MW的太阳能发电总功率至2010年就急速上升到了94MW以上，承担了市电力需求量的4%。2010年，除了在博尔扎诺的多诺米提（Dolomiti）机场内建成了总功率为662kW的地面设置型太阳能设施之外，一般普及的类型是考虑景观视觉影响的屋顶太阳能设施。

热能的23%来自木质生物质能

博尔扎诺自治市的森林覆盖率为42%。当地木材制造业产生的木质生物质原料十分丰富。在1993年至2009年之间，当地建设了66个地域供热站（总功率236MW），热量产出达到693GWh。通过715km长的供热网络，供给着相当于当地总需求量13%的热能。其中的16处设施是集供热、发电于一体的热电联产系统。

另一方面，一般家庭的炉灶或者是集合住宅、专业锅炉等的木质生物质能的小规模燃烧所占比率也不示弱，占据着上述80%的地区热能供给量（约550GWh）。此处的燃料主要是木柴，它以80%占绝对优势，制造业边角料、木质颗粒、煤饼等所占比率目前还是比较有限的。如果把地区内的供热系统加在一起的话，木质生物质能可占到热能需求量的23%。

2008年，太阳能热水器的设置总面积为19.3万m², 热能为111GWh, 只相当于当地热能需求量的2%。即使如此，1000名居民的人均太阳能热水器的设置面积还是达到了387m², 这个数字是比意大利的平均值27m²和欧盟平均值58m²都高出很多的水平。该市也将继续实行对设备投资的补助制度（2010年3月以后的资助至30%封顶），期待着未来太阳能设施的进一步普及。此外，市对太阳能热水器和吸收式冷冻机组成的制冷系统的普及也是十分积极的。

除此之外，市内生物沼气站共有48处，其中的31处生物沼气设施是以牛粪尿作为主要发酵资源，也还利用苹果加工品的剩余材料作为发酵资源，这一点与当地苹果产地的特色相吻合。31处生物沼气设施共生产着21GWh电力、4GWh热能，生产的热能已经通过管道与地域供暖系统连接起来。其余设施的发酵资源包括污泥和几个自治体的生活垃圾等。

对于博尔扎诺来说，目前直面的100%可再生能源自立的课题主要是如何获取热能源。至今还未涉足的交通领域的可再生能源导入的课题，以及今后的发展方向也十分值得探讨。

风土屋制度的诞生

总的来看，博尔扎诺自治市是在意大利成功开展可再生能源政策的领头羊，吸引了众多前来学习考察的国内外访问团体。值得一提的是，在提高能源自给率的同时，博尔扎诺在节能对策和节能建筑方面也有技术的创新（照片2）。

照片2：博尔扎诺市新建的生态地区卡萨诺瓦（Casanova）（照片中央）。所有建筑均为高节能住宅，全部进行了屋顶绿化（提供：A. Filz/enertour）

让我们来看看每年

第五章 意大利

10月在米兰举行的建筑、设计、建材综合博览会"MADE expo"。占据巨大会场的1800多个的展出企业当中，博尔扎诺与特伦提诺两个自治市（即特伦蒂诺·上阿迪杰自治州）以节能建筑方面的领先地位和拥有丰富实践经验的地区形象出现，给人留下了非常深刻的印象。

拥有优秀隔热和密闭性的窗户、窗框、门的制造商，还有木造住宅制造商等都位于被称为"风土屋"（Klima Haus）[*]的宽敞会场。实际上，风土屋不是房屋制造商，而是博尔扎诺市于2002年独自研发的节能住宅标准。

伴随着"风土屋"（意大利语：CasaClima）制度的开始，博尔扎诺于2006年设立了市营风土屋机构（Klima Haus Agent）。该机构对建筑的施工到完成的整个过程进行监督，并发行相应的认定证明。

风土屋的认定基准分为3个大的阶段。具体来说，在意大利寒冷的E和F地区，满足年供暖能耗在10kWh/m²的建筑可以被划分为最高级别金（金+）级，而后是A（30kWh/m²以下）和B（50kWh/m²以下）级。金级也被称为"一公升房屋"，这是因为如果以煤油来换算的话，这种建筑物每年每平方米仅消耗1L以下的煤油；按天然气来换算的话，每年每平方米仅消耗1m³的天然气。A级为3L/m²以下，B级为5L/m²以下。金级是比在日本有很高认知度的德国"被动节能房"的基准还要严格的标准。

2011年起，对于新建建筑物博尔扎诺自治市已经有了必须获得B级以上的级别的法律规定，但在2015年以后，该规定就会上升至A级以上了。从法律义务上来说，虽然B级升级到A级会变得更加严格，但这也可能是在不久的将来迎接"金级时代"的先行产物。

这样的话，现存的建筑已经是拖后腿、落后的了吧。想必大家也都知道意大利在没有隔热基准的时代建设了许多老旧过时的建筑。该市以2005年以前建成的建筑物为对象，对屋顶、墙壁、窗户等实施隔热改造施工，此外还实施了以可再生能源供能的制冷供暖设备为对象的30%的补助，补助对象是2005年后修建的建筑物的制冷供暖设备费用。

---

[*] 译者注：此处的Klima为"与当地气候相适应"之意，与中国的"风土"一词较接近，故用此意译，后同

风土屋与经济的双赢效果

风土屋不仅仅给居住者提供愉快舒适的环境,让人们健康地生活以及带来经济上的节省,而且对于施工方来说也是建筑物质量的保证,是房地产市场中使价值透明化的一个重要因素。

2009年,市内外完成的风土屋认证建筑物已经超过了3300处(照片3)。

照片3:能源旅游,包含了市内150处参观地点。照片上是高节能住宅的空气屋住宅(提供:A.Filz/enertour)

得到认证后,不仅可以获得一张发行的证书,还会得到一张经过设计的、可以安装在建筑物墙上的标牌。这对于提高标志的认知度,以及之后的"品牌化"也有一定的作用。现在,风土屋已经走出了博尔扎诺自治市,向着意大利乃至国外展开网络。

该市的节能建筑市场是向所有人开放的,风土屋同时也担当着带动地区产业创新的功能。意大利的平均失业率为7.8%,博尔扎诺市以2.9%的低失业率(2009年/Istat调查)居全国之首,也因此出名。可以说节能建筑市场的蓬勃对低失业率是有较大贡献的。

最后在这里介绍一个有趣的案例,那就是"风土屋工作与生活(Klima Haus Work & Life)"认定制度。这个制度不仅仅局限在企业节能建筑的评估上,还尝试将整个社会活动纳入视野,考虑从生态(自然)、社会文化(人)、经济方面来进行商业评估。

据此衍生出来了"风土酒店"(Klima Hotel)和"风土红酒"(Klima Wine)等评价标准。例如,风土酒店指的是对酒店建筑的能源效率、综合能源效率、有无积极使用地区建材或制品、垃圾处理方法、顾客的舒适性、景观、投资成本、运营成本等方面进行综合评价,最后对达到标准的酒店发放证书。"风土红酒"也是一样，酒厂建筑及周边环境、捆包、后勤等方面是重要的审查点。以观光和红酒为主要产业的博尔扎诺市，希望通过此举向游客或者红酒购买者传播当地可持续发展的理念。

目标是成为环保先进市——"风土地区"（Klima land）

博尔扎诺自治市没有因为水力发电提供了多于电力需求量的成绩就止步不前，而是实现了以小型水力发电、太阳能发电及供热等多种可再生能源的混合型能源供给系统。

今后博尔扎诺市也将以可再生能源与节能普及作为两大基本支柱，在有效连接自治体、工业界、技术革新、教育、交流活动的同时，努力向100%能源自立的目标迈进。综合布局以上各个领域，实施联动的核心是博尔扎诺市的"城市规划·环境·能源局"。作为局里的领导者，省议员米歇尔·莱梅鲁（Michael Raimeru）发出了"未来要将博尔扎诺建设成为'风土地区'"的宣言。

这样的"自立"意识也是"继续生存下去"的同义词。这个理念不仅仅局限于生命体，也是从那些体验过环境和地区文化存续危机的人们内心产生出来的。就博尔扎诺市来说，第二次世界大战给他们留下了深刻的伤痕，现在危机意识以积极开展能源自立的形式表现了出来。

在这样的背景下，几个小型自治体有了卓越的实践成果。如果没有他们对于能源自立的努力的话，是无法取得这些成果的。接下来，笔者想介绍博尔扎诺自治市几个小型自治体在能源自立方面的实践成果。

通过能源旅游来实现100%能源自立

博尔扎诺有一个支持当地企业家的市营技术产业园区（Technology park）。这个名为"TIS Innovation Park"（创新产业园）的机构，不仅仅着眼于可再生能源，也对技术革新和企业家提供支援，此外还提供一项名为"能源旅游"的特别服务。对那些通常无法进行参观的可再生能源设施和金级的风土屋等，提供专家指导参观的机会。在市内共有150处以上的参观对象。笔者也有幸参与了一次"能源旅游"。

笔者当日的参观目的地包括位于博尔扎诺县东北70km的普斯泰里亚（Pusteria）溪谷中心的小镇和布鲁尼科县（Brunico）的周边地区。从可再生能源设备"空气能源博览会"（Klima Energie）的会展中心乘坐公交出发，我们首先参观的是拉苏·南泰尔塞尔瓦（Rasun Anterselva）的里亚（Lenya）制材场的木质生物质能沼气站。

照片4：由多比亚科和圣坎迪的居民组成的协同组合发起，于1995年建成的地域供暖设施，供给着1200栋建筑的温水

这个沼气站于2010年开始运转，使用剩余的木材碎屑为原料，每年生产着630MWh电力和1050MWh热能。因为这个沼气站在欧洲也十分先进，所以参观者们都意犹未尽。

之后，参观了由多比亚科（Dobbiaco）和圣坎迪（San Candido）两个自治体的701个会员组成的协同组合发起倡议的，于1995年建设完成的地域供暖设施。这套地域供暖设施使用燃烧木材碎屑的三个锅炉（其中一个是ORC发电类型）一年可生产62GWh热能和11GWh电力（2008年数据）。而后，通过全长为87km的热能供给管网，将热能输送到1200栋建筑去（照片4）。

此后，参观团到达了布鲁尼科县，与县长克里斯蒂安·特鲁切泰列（Christian Tschurtschenthaler）进行了畅谈。布鲁尼科县目前是在能源自立方面是最受关注的意大利自治体之一。

意大利最幸福的城镇布鲁尼科

意大利有一个调查"最幸福自治体"的机关，名为"研究总结中心"（Centro Studi Sintesi, Venezia）。2009年，该研究中心在《全景》（Panorama）杂志上发布的自治体（人口1万人以上）排名中，布鲁尼科县夺得了第一名。虽然幸福是一个无法量化的概念，但是，为了掌握各个自治体为何适宜居住，他们对"幸福"进行了大致评估。2011年，在欧洲七国环境NPO合作的可再生能源资源冠军联盟（RES champion league）的排名里，布鲁尼科县名列第一（人口5000人至两万人）。他们还从环境NPO Legambiente那里，获得了100%达成可再生能源（家庭、电力、热能）模范自治体的表彰以及几个其他的奖项。

布鲁尼科县（意大利语：Brunico，德语：Bruneck）人口约1.55万人。其中德语系居民占70%，意大利语系居民占26%，拉丁语系居民占4%。县营能源公司"Azienda Pubbliservizi di Brunico"进行着电力、热能和天然气的供给。

照片5：布鲁尼科县的克里斯蒂安·特鲁切泰列县长正在解说县的能源政策

根据公司数据，布鲁尼科县95%以上的热能都是通过可再生能源供给的，剩下的5%是冬季用热高峰时通过天然气获得的热能。两处重要的地域供暖设施功率合计约73.6MW，产热量109GWh。通过120km的供给、官网向布鲁尼科县及周边自治体约2100栋住宅、公共建筑和观光设施供热。热能来源比例当中，木质生物质能占73%，生物沼气占2%，工业废热利用占1%，用热高峰时通过天然气提供13%，3处热电联产设施（木质生物质能两处，甲烷气体1处）占11%。

另一方面，布鲁尼科县电力的可再生能源比率约为75%，和博尔扎诺市一样，其中最重要的能源资源也是水力。"Azienda Pubbliservizi di Brunico"公司拥有布鲁尼科县近郊的两处水力发电站，除每年生产约57GWh的电力之外，还有前文提到的木质生物质能与甲烷的热电联产设备生产电力20GWh，以及太阳能发电的50MWh。

近年来，布鲁尼科县在太阳能的普及上花了大力气，使得太阳能发电

（几乎都是屋顶设置型）的总功率增加至3MW。他们还在县内消防局和小学的屋顶上设置了64kW、32kW的太阳能电池板，对这些电力需求量大的部门提供电力，实现电力自给自足。2010年，利用布鲁尼科县养鸡场总面积为5.6万m^2的屋顶（一体型），建成了意大利最大规模的太阳能发电农场。这在当时也引起了人们的热议。

在太阳能热水器方面，住宅和公共建筑屋顶的设置面积达840m^2。此外利用学校集中区域的屋顶共设置了750m^2的太阳能热水器，来提供一部分的热能。

布鲁尼科县混合了4种以上的能源，可再生能源的利用高效且可持续，所以也在环境NPO Legambiente那里得到了很高的评价。

太阳能发电和太阳能热水器的普及，除了对国家的固定价格收购制度产生了一定的影响外，也影响了2010年县制定的节能建筑基准。其中规定对所有县内新建筑，无论是公共建筑还是住宅，其总能耗的25%（最低）和热水供应的50%（最少）必须由可再生能源来提供。

能源视察团的组员们还听取了布鲁尼科县克里斯蒂安·特鲁切泰列县长关于交通规划的介绍（照片5）。

布鲁尼科最大的问题是堵车。目前，已经实施了对主要道路的限速，设定步行专用区域，建设市政府大楼前广场地下停车场，推进自行车出行等一系列措施，还有在旅游旺季对私家旅行车的限制等。布鲁尼科县是多洛米蒂山脉超级滑雪（Dolomiti Superski）两个区域中的一个，是通向值得称道的总长114km的普拉兹（Kronplatz）滑道的重要节点。为了减少滑雪者私家车的数量，促进电车的使用，据说市里目前正在进行将电车站与前往格兰德（Gelande）的缆车相连的建设项目，建成之后就可以实现直接中转。

幸福与能源自立的关系

对于被评为100%可再生能源供给（家庭方面）自治体范本的布鲁尼科县，我们可以认为是因为这里实现了"能源自立"而成为最幸福城镇的吗？

根据《全景》（Panorama）杂志的记述，最幸福城镇的排行榜是基于

13个大的评判标准,加上50个具体指标而评定出来的。指标的设定得到了美国经济学家约瑟夫·尤金·斯蒂格利茨(Joseph Eugene Stiglitz)的指导,不仅着眼于富裕程度和物质方面的充实度,还有社会制度、政治参与、社会美学、安全性、环境、个人价值及健康等十分细致的评价项目。从上述这些评价项目里虽然看不出任何与能源相关的地方,但是,如果居民可以自由地表达他们对能源政策的意见,并切实产生了影响的话,也可以认为"政治参与"度评价项目相对应。还有人们对于家庭、社会,或者政治做出了一定的贡献的时候,作为所有生物的本能,都会有充实的成就感。从这个角度来看,能源自立与幸福度是有一定的关系。同时,以什么样的方式实现100%可再生能源供给,这个过程也是十分重要的。如果更多的居民可以表达他们的意见,获得通过自己亲手创造的丰硕成果,这种实在的满足感也许可以算得上是幸福的感觉吧。

对于可再生能源的挑战也可以认为是人类再次获得原本拥有的自立与综合平衡的能力,这也需要大家通过努力点点滴滴地积累构筑起来。

(田代 Kaoru)

数据

博尔扎诺自治市

人口:50.7万
面积:7400km^2
标高:262m(博尔扎诺县)、838m(布鲁尼科县)
产业:农业、林业、观光业、建设手工业、中小企业占大多数
能源自立度(仅含区域内资源):电力与热能合计56%
目标:至2020年实现电力、热能合计的能源自立度75%

链接

博尔扎诺自治市主页:www.provincia.bz.it/aprov
空气屋(Klima Haus)主页:www.klimahaus.it/en
能源旅游主页:www.enertour.bz.it/en
布鲁尼科市主页:www.comune.brunico.bz.it

第六章　丹麦

❶ 丹麦的能源情况

石油危机后能源政策的步伐

丹麦王国的面积与日本九州的面积4.3万km^{2}相当（除法罗群岛和格陵兰岛之外）。约有553万人生活在这里（2010年）。66%的国土为农田，16%为森林和泥炭地，拥有470座岛和海拔7300km以上的海岸线。最高标高的地点也有170m左右，国土上丘陵连绵起伏，风力资源丰富。

丹麦能源政策的最大一次转换是从1973年石油危机后开始的。该国当时约99%的能源输入依赖石油，能源自给率十分低。以此为契机，政府在1970年代开始采取节能对策，不仅导入了暖气用石油的能源税、电力消费用能源税、住宅的隔热工程补助金制度等，还进行了地域热供给的奖励以及相关基础设施的投资。

从政府的主要能源基本规划上看，1976年开始了从石油向煤炭的转移，北海油田的开发，核能的导入和节能等，制定了以确保能源来源为重点的"能源规划1976"。与此相呼应的是倡导放弃核能的大学研究者们两次提出了"代替能源规划"（AP76和AP83）。特别是1983年提出的规划给政府的方针带来了很大的影响，1985年丹麦国会决议撤回核能发电规划。从那时起政府的政策开始面向积极导入可再生能源。之后焦点转移到了消减碳排量义务的履行上（到2005年时比1988年减少20%），1990年的"能源规划2000"中，正式规划了采用节能、生产与地域热供给相互组合的模式增强能源供给系统。

丹麦也因北海油田的开发有了转为石油和天然气供给国的契机。1997年的能源自给率达到了100%以上。之后2007年的"能源规划2025"（A Visionary Danish Energy Policy 2025）中，提出了到2025年可再生能源比率达到30%（最终消费），氢能源汽车免税，研究经费倍增（2010年开始），2020年前交通用生物燃料达到10%的目标；到2050年为止，可再生能源比率达到100%，完全摆脱石油能源。

风力发电与地域暖气的发展

2010年，可再生能源所占的比例是能源最终消费量的20.1%[1]。比前年相比提高了17.4%。从可再生能源的生产量来看最重要的资源是，生物质能93.6PJ（可再生使用的木制材料、蒿、垃圾、和生物燃料）、风力28.1PJ，来自各种生物群落的环境热也在持续升温。

电力生产中可再生能源的利用率是33%（2010年）[2]。全国有5036处风力发电机在运转。（2010年，其中海上的有404处），最大输出为3802MW，提供21.9%的电力。这十年的趋势是陆地的风力发电在减少。国家推进的高潜能海洋风力发电在增加。事实上，尽管总输出能力在增加，发电机数量与2000年相比，却减少了1220处。

在热能领域，德国的地域暖气普及率是欧洲之冠。拥有全长6万km的温水供给网，75%的暖气热由地域的暖气系统来提供。利用量较多的热源除了木质生物质能和可再生垃圾之外，蒿的使用也是重要特征之一。此外，从1980年代开始因为热电联产技术（Cogeneration，combined heat and power）的普及，已经建立了使用混合热能的高效能源供给系统。今后的课题将是如何从天然气的热电联产技术转移到生物质能的使用上。

在政治上，自2001年开始，自由党和保守党组成的右派联合政权倾向于产业经济的效率，在能源政策发展上稍显迟缓，2011年9月总选举的结果是赫勒・托宁-施密特（Helle Thorning-Schmidt）率领的社会民主党组成的左派获得胜利，人们对新政权环境能源政策的期待也在提高。

（田代 Kaoru）

❷ 西泰德地区

能源民主的肥沃土地

Thisted

照片：西泰德地区是滑浪风帆的主要制造地，连绵的海岸线超过100km，其西北部的港湾汉斯索特尔姆海岸运转的三台风力发电机均由福柯中心开发（摄影：Fritz Wassmann）

从丹麦的首都哥本哈根往西北方向到日德兰半岛（Jutland）就到了西泰德（Thisted）地区。这个地区风力强劲，天空模样多变。在峡湾的入江口处眺望，可以看到排列着各色小型风车。这里就是Nordic Folkecenter for Renewable Energy（以下简称福柯中心）的门庭。

该地区也是受1980年代运动影响而成长起来的丹麦能源自立地区之一。福柯中心设立于1983年，在可再生能源的普及上发挥了重大作用，设立者皮尔本·麦卡德（Preben Maegaard）[3]是该领域著名的先锋研究者和活动家。在描写为实现100%再生能源而奋斗的人们的纪录片《第四次革命》中，他也是重要的灵魂人物。

在丹麦，这一地区的民主自立意识特别高，其能源再生运动是怎样进行的呢？能够回答这一问题的人非皮尔本·麦卡德莫属。

首先，我们要来看一下如今的西泰德地区。

走向丹麦第一的绿色能源地区

西泰德地区是一个占地面积1093km^2的自治体，生活着约4.6万人。地势较平缓的地方以农业为主，北海的海岸地区则水产丰富，在欧洲规模屈指可数的汉斯索特尔姆（Hanstholm）港是供来往大西洋船只通行的玄关。

地域电力消费量中可再生能源的比例在每年的收支中达到了100%以上。其中80%的电力靠风能，余下的20%从生物质能和垃圾焚烧厂的热电联产机获得。工作中的风力发电机有226座，最大输出为115MW（2008年）。

在热能（暖气）领域消费的能源有86%是可再生能源。热源有生物质能、蒿、木屑、垃圾、地热等。该地区不仅从小自治体到城市基本普及了地域暖气，多半的生产设备使用的是能源效率较高的热电联产机，实现了热能的低价提供。

怎样计算不断变化的供需平衡和效率

将80%的电力全部寄托在不稳定的风力上，是有点铤而走险，怎样确保可再生能源的供应呢？为了使发电输出量不断变化的电力保持稳定的供给，确实需要一定的后台支持。

以风力为主的供电系统没有停过电，风力弱时由生物质能和天然气组合的热电联产机来补充电力，或者使用外来电保证供电稳定。但是，在风力强的时候又有别的问题产生。当生产量超过需要量时，一般会停止运转风电设施，或者将剩余的电力输送到本地或国外。这两种情况的效率都很差，尤其是后者，临近的风力导入地区电力剩余的情况很多，剩余电力又只能以统一的价格卖出。不仅能源效率低，经济效率也低。

即使是这样，福柯中心的麦卡德还是认为可以使用身边的技术低成本地解决问题。

他的方法是使用剩余的电力烧热水，转换成热能后储存到水箱，从而间接蓄电（图1）。一般的蓄电方法是用电池、扬水、压缩空气、氢气，但考虑到这一地区的地势，用热来蓄电最为合理。更何况电极式电锅炉的使用已成为一般性的技术，可以减少初期投资。

这套系统虽然不能将热能还原为电力，但是因为进行了热生产，可

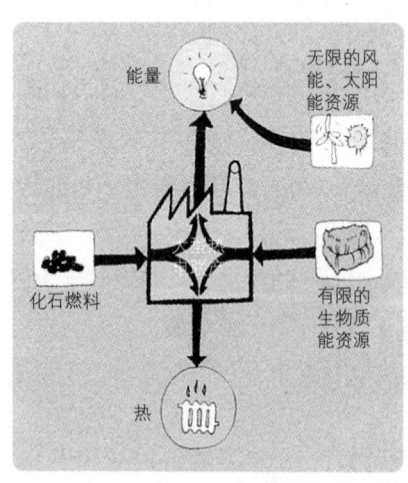
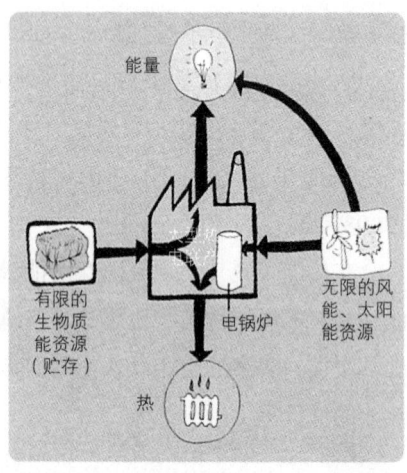

图1：福柯中心推荐的导入电锅炉用温水储存剩余电力的蓄电方法（右图）。这种方法除了大幅度提高能源效率之外，也可替代以往使用化石燃料的热电联产设备（左图）（资料提供：Nordic Folkecenter for Renewable Energy）

以代替天然气用于热电联产机中，最终减少了二氧化碳排出量，有利于提高热领域可再生能源的利用比率。这种方法在西泰德逐渐得以实现。

为了在现场让我们看到具体的情况，麦卡德给我们介绍了该地区的设施。

照片1：福柯中心的创立者麦卡德（左）及其夫人亚娜

9成的风力也可保证供电的稳定

西泰德市的"De"地域能源公司为De岛南部和莫斯岛的2.7万人提供电力，其既是能源消费者又是电力开发商。该公司以前从大型发电厂买电卖给当地消费者，仅管理单向低电压系统；而现在则从各个分散型电力生产方买电，然后通过与系统连接后，卖给消费者或外地。该公司从1988年开始与风力和生物质能等发电设备所有者一起合作，整合了可以应对分散型发电的电力系统，而这十年来风力发电交易的急速上升，也进一步强化了整个送电系统。

全年来看，公司电力供给电源的90%~95%是风力，剩余的是太阳能、生物质能群、垃圾等，事实上100%是由可再生能源生产的电力。

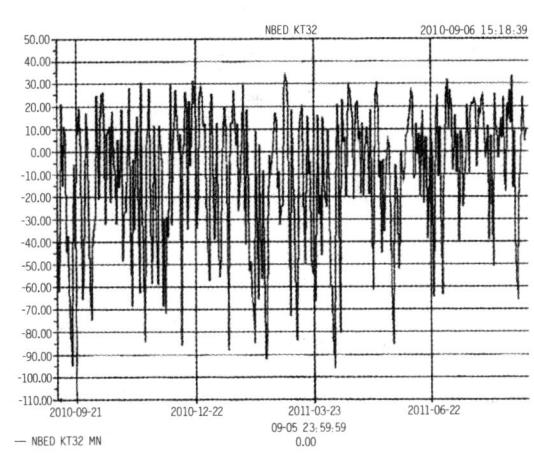

图2：迪莫斯（Thy-Mors）能源公司一年的风力发电量（2010年9月~2011年9月）图表。上下变动虽然剧烈，但平均来看还是产生了大量的剩余电力（0以下的部分）（来源：Thy-Mors Energi）

我们访问时正值风力强劲期，虽是平日下午的用电高峰期，也还向外地输出了81MW的剩余电力。从全年图表（图2）来看，虽然电力生产量的上下波动令人吃惊，平均下来供大于求，大量向外地输出的日子还是居多的。

职员雷恩瑟连森自豪地说："估计世界上只有这里可以做到使用如此多变的电力能源。"

将剩余电力转换成热的地域暖气公司

接下来访问的是西泰德地区西北端的渔港汉斯索特尔姆（Hanstholm）的地域暖气中心。该公司出资者是1000户居民，除了给居民供暖外，还为工厂、学校、难民设施等公共建筑提供暖气和热水。其采用了一种独特的燃料，即将本地鱼粉加工厂出产的废鱼油等和植物性废油混合起来使用。

2011年，该公司就导入了福柯中心推荐的可将风力发电剩余电力转换为热的电极式电锅炉（boiler）作为本地暖气设备，电锅炉可增加风能发电量，当电力系统负荷较大时会自动作业。该设备制造的热能储藏在巨大的蓄热池里。

此外，该中心还设有作为备用热源的天然气式热电联产机，有意思的是该设备不仅可作为备用热能源，还可间接地作为风电的备用能源。据说该设备会以随时更新的电价预测信息为基础，趁电价高涨时启动。

将来的课题是，将使用天然气的热电联产机的能源用生物质能等可再生能源来取代。

福柯中心的草根精神

福柯中心将这种蓄电方法向世人推广，他们重要的一项任务是，将多年研究和经验积累的资源和能力，向更多的地区传播（照片2），即承担教育中心的职责。

在福柯中心的研修生中，有一位从师于麦卡德的马里共和国的工程师依布拉赫姆特龚拉。之后他创立了"马里福柯中心"，正为在自己的祖

照片2：福柯中心（摄影：Fritz Wassmann）
左上：中心入口展示的各种历史年代的风车和太阳能发电板
右上：生物质能穹顶中的水池繁殖着用做燃料的藻类
左下：在外墙和窗口设置太阳能板采光良好的会议室
右下：学习可再生能源的学生们。丹麦也十分重视能源教育

国普及可再生能源而奋斗。乌干达的研修生也在自己的祖国开设了福柯中心。

麦卡德十分重视可再生能源普及时的经济性，他支援没有通电的贫困地区生活的人们用自己的双手来创造能源系统。这样的开发不是靠发达国家的资本，而是依靠居民的双手而展开的可持续开发。其首先需要的就是居民可亲手施展的技术与能力。这也是在风力发电机的摇篮时期，丹麦经历的宝贵经验。

业余人士打开的风车产业化之门

丹麦最初的风力发电机诞生于1897年的加特兰（Jutland）半岛，由气象学者、阿斯科尔（Askov）国民大学的老师保罗·拉·库尔（Poul la Cour）在该校制造完成。库尔老师很早就对人口集中和依赖输入燃料

第六章　丹麦　　185

发出了警告。

第二次世界大战后,由于对化石燃料的依赖快速增长而成为高耗能社会的丹麦,当时对于风力发电的认识还只徘徊在记忆深处。直到1973年石油危机爆发,促使了能源政策从根本上的反省。之后,国家和各大企业、研究机构开始探索核能道路,而这条道路遭到了市民草根运动的反对。为了将当地丰富的资源和风能利用起来,人们使用了身边的划痕砖(scratch tile)等废材生产可再生能源,这种业余水平的可再生能源生产逐渐扩散开来。阅读麦卡德的书可以知道,丹麦风力发电机产业化的基础,就是1970年代的市民能源生产活动。

另一里程碑是手工匠克里斯汀·里伊萨格(Chritian Riisager)1975年在自家庭院制作造的装有输出功率7kW异步发电装置的风车,其尝试与公共系统的连接实验获得了成功。第二年,当地冶炼工匠制造了两台22kW的风车并卖给了私人使用者。之后多个企业开始联合生产风力发电机,其中很多的公司是以克里斯汀所制造的风力发电机为范本制造的。

照片3:1978年以图尔德学校的老师为主,组织建造的当时世界最大级别的2000kW风车。该风车至今仍在校园内发电(照片提供:Nordic Folkecenter for Renewable Energy)

另一著名的尝试是图尔德国际斯科尔中心(Tvind Internationale Skolecenter)于1978年完成的兆瓦风车(照片3)。图尔德学校(Tvind School)是独具特色的教师培训学校,以教师团体为中心,学者和学生们都志愿参与到了制作中。拥有强化玻璃纤维压缩机的2000kW风车,成了风力发电产业的决定性指标,完成后两个月就有7.7万人的访问量。

特别要提出的是,1975年以后的15年间,风力发电相关的革新技能是作为开放资源来共享的。图尔德学校甚至向需要他们设计压缩机图纸的自建住宅住户提供复印件。有的风车设计先驱者制作的铸造件也被企业购买并走向了产业化。这种方法与由企业购买专利和企业机密,通过将知识产权私有化来创造财富的现代经济方法完全相反。丹麦的风力发电机,以这样的人与人之间共生、共享为原点,在"里索国立研究所"(现Risø DTU)的知识整合和研究开发下,成了代表国家的一种产业,不断发展进步。

鼓励有民主意识的土地所有者的发展

丹麦的能源民主至今根深蒂固。因为风力发电的开发者多数是当地居民和使用者开的联合公司,麦尔德给我们介绍了如下情况。

政府虽然有今后大规模增加风力发电比例的计划,也有引入外部投资陆地上进行风力发电的计划,但多数还是遭到了当地居民的反对。因此,即使发电成本高于陆地数倍,大型电力公司开展是的大规模海上风力发电。

另一方面,因为各自拥有土地所有权,多数居民对于自治体所展开的导入风力发电的工作是积极的。因为售电的收入会归自治体所有,通过自治体又可以平等地还原给居民。这样的实质性利益也促进了本地主导意识的发展。

距今20年前福柯中心就拥有汉斯索特尔姆海岸的3座风车(如本节开篇的照片)。风车下面设有供访问者阅读的信息宣传板,麦尔德告诉我们让居民感受到眺望风车时如同是在看望家人,意识到自己在生产能源这一点十分重要。当然这也有心理层面的问题,是否认识自己所购买商品的制造者,这里面还是有很大心理差异的。

用民主的形式决定国家发展方式的丹麦使我们受益匪浅。但是他们最初走的也是暗中摸索的道路。麦尔德在电影《第四次革命》中如是说。

"我们向人们展示了靠可再生能源运转的社会是怎样实现的。对此感兴趣的是中小企业和农户。他们说'非常想知道具体怎样使用生物质能、风能、太阳能。我们拥有资源,很想知道能利用这些资源的技术,希望你们帮助我们',一切就是这样开始的。"

如今西泰德地区的人们常津津乐道的是"我们这里都已经成功了，使用可再生能源实现自立就不是什么难事了"。

（田代 Kaoru）

数据
西泰德地区

人口：4.6万人
面积：1093km²
标高：平均5m（西泰德市）
产业：金属、塑料产业、水产业、农业等
能源自立度：全年电力100%、热能86%
目标：风力生产量增加1.7倍，电力和热的能源自立

链接

丹麦/能源厅网页：www.ens.dk
北欧可再生能源中心 Nordic Folkecenter 网页：www.folkecenter.net/gb/
西泰德地区的绿色能源网页：www.climate.thisted.dk/gb/

注释：

1．欧盟的计算方法是22.3%。

2．根据欧盟的计算方法。

3．本章所介绍丹麦人名的母语名：Preben Maegaard、Poul la Cour、Chritian Riisager.

第七章　能源自立的必要框架

❶ 推进可再生能源的动力机制

为了在社会层面大规模推进可再生能源,需要各种政策和法律的建构。下面我们介绍一些欧洲已经在展开的举措。

固定电价收购制度(feed-in tariff)

在可再生能源发电领域有效果的政策主要有两个。

一个是针对电力事业方(出售电力方、发电方或系统管理者)的义务量规制度,规定了电力事业方必须要执行法定的可再生能源生产电力比例或电量。该制度也被称为"四分之一配额(quarter)制度",类似于日本于2002年开始实施的《RPS法》。该法是为了实证可再生能源的可利用性,在可再生能源的购买和销售上导入"绿色电力证书交易",与四分之一配额制合用的情况也比较多。其实,这种配额制理论上是最能够切实而便捷地完成政治目标的。从立法上来看,如果到2020年底想要让国内可再生能源使用的比例提高到20%,就把这20%作为电力事业方的义务完成量就可以了。

然而,除了英国、意大利、日本有初步尝试之外,世界上使用该项制度来大规模推进可再生能源的实例几乎没有。因为当法制化需要形成政治合意时,如果只是感性地将目标值提高,经常会遭到现有发电设施中所有者的强烈反对。日本的PRS法规定的2014年达到1.8%的目标值(指除大型水力发电以外所有新能源所占比例),就完全是感性的目标值,也没有促进可再生能源的推进。

与此相对应的,在世界多数国家产生实际效果的是"固定电价收购制度",又名"feed-in tariff;FIT",该法律规定了电力事业方(电力系统运营者)必须履行在法定期间内,用整量、优先、法定的价格购买可再生能源产出电力的义务。由此,进行可再生能源发电的一方,为保证有电力购入方和贩卖单价,在进行初期投资的时候就要尽可能设计好商业模式,以便使集资变得容易。通常,电力事业者通过电价上涨的方式,将收购可再生能源电力所多花费的费用，转嫁给消费者的做法是被认同的，也极少有电力事业者的反对。因此该制度只要获得消费者的认同，就可以实现。日本在福岛核电站事故之后，于2011年8月将固定电价收购制度法制化，并于2012年夏季开始实施。

在德国，如第一章所提到的，1991年就实行了运用固定电价收购制度的《电力供给法》。该法规定用平均零售电价90%的价格（约17分尼/kWh≈11日元/kWh）来收购太阳能和风力生产的电力，用平均零售电价的60%~75%（约13分尼/kWh≈8日元/kWh）的价格来收购生物质能和小型水电所生产的电力是电力公司的义务。因为这项法律的推行，在风力状况较好的北海、波罗的海岸，可再生能源得到了大量普及。然而其他种类的发电能源，由于该法律规定的固定收购价格计算方法在经济效益上很不合算，完全没有被普及。

为了解决这个问题，德国的亚琛市（Aachen）出台并实施了"亚琛模型"的计算方法，即根据各种类型、输出方法、设置场所分别算出可再生能源的发电量，再加上各种设备所需要的初期投资，在运转成本上加上收益率（内部收益率IRR），然后再逆算决定可再生能源的固定收购价格。这样可以让生产可再生能源的发电者减少风险。该方法在德国被广泛认同，2000年全面修改电力供给法时，制定了根据亚琛模型确定价格的《可再生能源法》。关于此后德国可再生能源的急速上升情况，我们已在第一章进行了详细介绍。

德国2012年的固定收购价格如下：

注意要点：

（1）固定电价的保证年限为20年（一部分除外），但是价格上不能保证的，将可再生能源电力优先全量购买的保证期为无期限（一部分大型生物质能除外）。

（2）除下列按输出类别、条件类别划分的固定收购价格之外，应对各种困难和环境对策等的奖励价格措施也是多样化存在的。

（3）原来的法令条文分列出了比下列分类更多种类的设施及电力收购

价格。此外针对风力发电等，采取的是随年份变化的收购价格制度。下列一览表中的指标值仅供参考：

- 水力发电：对应输出规模3.4~12.7cent/kWh
- 废弃物填埋地、地下水污泥中未利用的燃气发电：对应输出规模5.89~8.6cent/kWh
- 生物质能发电：对应输出规模6.0~14.3cent/kWh
- 地热发电：25.0~30.0cent/kWh
- 陆地风力发电：根据各自位置条件，从5.9cent/kWh开始
- 海洋风力发电：根据各自位置条件，从10.4cent/kWh开始
- 太阳能发电（设置在建筑屋顶的类型）：平均21~29cent/kWh
- 太阳能发电（设置在地上的类型）：平均21~22cent/kWh

（出处：德国环境署www.erneuerbare-energien.de/inhalt/47585/4596/）

在不断走向低价化，收购价格也迅速降低的德国太阳能发电领域，2012年迎来了"绿色价格平衡"，太阳能发电的固定收购价格，即太阳能发电的成本做到了低于平均的家庭电力零售价格。这也是今后普及前景很好的一个领域。

瑞士从2009年开始实施《固定电价法》。然而，因为收购预算有上限，陷入了慢性的预算不足，不能像德国一样实现增产。今后为了脱离核电，有计划要撤废该预算的上限（即在设置量上设定上限）。其他欧洲各国，虽然形态上各有不同，但是大多数国家都实施了固定电价法，特别是近年来，西班牙和意大利也开始推进可再生能源。

日本也即将实施《固定电价收购制度》，但实际上能否成功，能否不让消费者承担的电价急速上涨，同时作为未来产业承担起地方经济的责任，提供就业岗位，推进可再生能源发电，不仅仅需要法律规定，还需要由经济产业省大臣名义制定的通牒和规则等来确定"购买价格"和"购买保证期限"。关于该部分在本书执笔时还没有明确的信息，因此无法展开

讨论，在此仅作为注意要点提出。

二氧化碳税（环境税）

不仅在推进可再生能源方面，从环保相关政策整体来看重要的是要建立起一种经济结构，将至今为止被免费使用的空气和水、污染物排放等引起的环境灾害所涉及的成本，即治理这些灾害所需的外部成本，纳入到商品和服务的内部成本中去。这一点如果不处理好的话，就会出现排污者总是得利，正直的环保者总是被冷落的结果。

从这一点上考虑，最有效的全球变暖对策是，在开展使用化石燃料和饲养大量家畜等经济活动的同时，由国家之类的"公家"来征收将这些活动排出的温室气体从大气中除去（或者说固定到某处）的成本。这样无论排出多少二氧化碳，也有吸收碳的财源，来抑制大气中二氧化碳的上升。但遗憾的是，由于无偿使用了外部资源，在如今的经济活动和人类意识中，是没有用金钱的方式来支付外部（环境）成本的意识的。因此，尽管现在对其必要性的社会认知度在提高，但每天大气中二氧化碳的浓度还在上升。

尽管如此，将外部成本的一部分采用税收的形式来征收的方法，还是在欧洲的很多国家实施开来。这就是"二氧化碳税"或"环境税"制度。德国于1990年开始导入环境税。然而，这并不是导入一种叫环境税的新税，单独的环境税税金事实上不存在。理由稍显复杂，实际是将目前的化石燃料税，加上了对环保的考虑，与税制综合起来（名义上是生态税改革）进行了增税，增加的税金就是环境税。后来，该燃料税变更名为"能源税"，国家对制度进行了整理。

在电力方面，还导入了一种仅对使用化石燃料部分征收的"电力税"，这也相当于环境税，这种增税与新税合并，也被称为"环境税"，其所征收的金额随能源种类的不同而不同，大概相当于能源价格的7%～10%左右。这种所谓的"环境税"，并非马上达到现在的水平，而是从实施那年开始逐渐提高，历经4年时间实现的。此外，该环境税也对从事公共交通事业、大量消耗能源的制造业、农业、航空业、船舶业等人员实施免税措施。

近年来，每年大约有160～180亿欧元的环境税税收，其中占90%以上的145～160亿，用于减轻养老保险金的负担（减额效果为1%左右），因为雇佣方需要支付的职工养老保险金被减半，减轻了其经济负担，有助于解决失业问题。环境税税收中用于推进可再生能源等温室效应对策的仅有1亿～2亿欧元，剩余的都被用做一般财源。

环境税会使化石燃料价格上升，首先可以预想的是能抑制化石燃料的消费量。近年来，因为原油价格有高涨，怎样界定环境税所起的效果也有争议，在原油价格并未高涨的2000年前后，德国观测到化石燃料的使用有减少的倾向，环境局等部门得出结论认为环境税有效果（图1）。

有如下两种情况能让可再生能源大规模地得到普及。一种是普及可再生能源，大量生产能源的变换装置，依据经验曲线效果实现设备的低价化，原料的免费也可以促使可再生能源的价格比其他能源更便宜。另一种是化石燃料和核能等能量源，因为需要考虑到外部成本，或单纯的埋藏量减少，或发生大灾难时的巨额赔偿，会比可再生能源的价格更加昂贵。

环境税的概念是1980年代瑞士经济学家宾斯邦戈（H.C.Binswanger）提出的。当时，他们十分期待能够通过提高稀缺珍贵而低价供给的能源价格，来推动节能和能源效率的改善，同时也期待能让从物到人的金钱分配发生变化，从

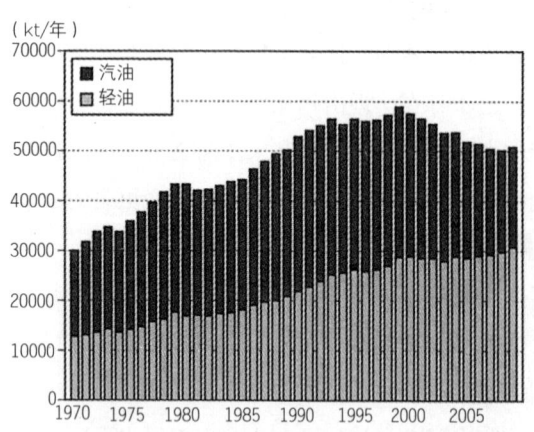

图1：德国汽车的燃料消费量推移图（来源:Umwelt und Prognose Institut e.V.）

而产生社会福利效果。从现实的情况上看，不仅本书所介绍的实例可以为证，还可看到可再生能源的推进是一项促进从物到人的金钱分配的大事业。从这一点看，有必要探讨如何将环境税这一经济性措施，变为推进可再生能源的支援措施。

瑞士于2008年在灯油和燃气上导入了"二氧化碳税"。现在的缴税额是每100升灯油征收9瑞士法郎（1瑞士法郎约等于85日元），该金额并未让消费者有多大痛痒。但对于国家而言，二氧化碳税是在建筑领域节能援助金的重要来源。该税收每年有6亿法郎，国家将其中的2亿用于加强隔热和窗户的更换，作为向可再生热源转换援助金。因此每个州追加了1亿法郎用于开展建筑领域的节能援助项目。

剩下的4亿法郎被归还给了家庭和企业。企业的归还途径是通过与赁金支出金额相对应的养老遗族保险，家庭的归还途径是每人的国民健康保险。因为归还额是均等的，灯油和燃气消费量越少的企业和家庭越得利。此外，企业会与政府的派出机构签订二氧化碳削减协定，如果削减目标完成，就可减免二氧化碳税。因此在这项工作上越是努力的企业越得利。其他欧洲各国也已经导入了二氧化碳税，最近欧盟也开始探讨以统一形式来导入二氧化碳税。

援助金

一次性的援助金有多种类型。下面列举几种。

- 在进行可再生能源的设备投资时，为减轻初期的投资负担而提供的直接援助金。（在日本，也针对配置太阳能发电装置，按照输出功率数每千瓦万日元的标准提供援助金等）
- 接受政策银行等公共金融机关的初期投资时，为了实现低利息融资、零利率融资而提供间接的援助金（在德国，因为开创型项目预算困难，相比上面提到的直接援助金，这种间接的援助金更为多用）
- 对于可再生能源设备所缴纳的税金实行减免（在美国，除了下述的税金减免，各州还实施了多样化的税金减免）

- 对于发电及售电所缴纳的税金实行减免制度

或是针对制造可再生能源设备的厂家，如中国的太阳能发电领域正盛行的零利率融资，由政府担保来保证有充足融资的支援方式等，不仅是在设置设备时，在设备制造时的援助制度也作为一种经济政策而多样化地存在着。在德国失业率较高的前东德圈在开设制造业工厂时也能获得多样的支援，虽说德国的太阳能发电制造厂家本就大多位于前东德圈，但这也可以看成是支援制度的一种。

无论何种情况，针对可再生能源领域的援助金，通常是为了使可再生能源以电力和热能的方式低价地呈现，根据各个国家经济条件和税收形式的不同，并不能一概而论哪种手法是最有效果的。但值得一提的是认真研究不同援助制度的区别，在有限的财源条件下，选择最有效果的援助制度是十分必要的。这里的"效果"，不仅仅只停留在采用可再生能源发电而使电价降低这一层面，也应该促进地区经济活跃发展，培育国内产业，找到能进一步提高税收并能把在国民经济学上的获利还原于民的方法。

此外，德国除了发展可再生能源发电之外，为促进可再生能源在热能供给上的发展，提高其在能源消费中的比例，削减作为分母的能源总消费量，这方面的援助制度也十分充实。前文提到的固定电价收购制度中，可再生能源发电依靠市场原理来推进，在使用固定电价收购制度进行制度设计较为困难的热能和节能部门，也有提供援助金的做法。下面介绍几个实例。

可再生能源在热能供给上发展是由《可再生能源热能部门推进法》来推进的。规定无论住宅还是非住宅，在新建建筑物时，该建筑物所需的热量必须有一定量是由可再生能源来提供的，不完成此项指标不下发建筑许可。比如这部推进法中，就规定最低必须完成下列项目中的一项：

① 新建建筑物的热水、暖气、冷气中所需热量供给中必须最低有15%由太阳能热水器来提供。

② 如使用生物质能（如柴、木屑、木球）或液体生物质能（植物油）

提供热能，必须最少占总热能供给的50%。

③ 如使用高效率的热泵完成规定的APF（全年能源消费效率），必须最少占总热能供给的50%。

④ 如使用排水或排气中未被利用的废热，必须最少占总热能供给的50%。

⑤ 如使用热电联产设备（热电并给设备，CHP），必须完成规定的热效率，且最少占总热能供给的50%。

⑥ 连接当地供暖系统时，如果当地所提供的能量的50%以上是由热电联产设备提供的，可以免受本法律的限制。

⑦ 建造比节能法、节能政令所规定的最低建筑物燃料费基准值还能够节能15%以上的建筑，可以免受本法律的限制。

在以上严格的规制下，现在德国新建建筑中有1/4的建筑使用了太阳能热水器，1/4的建筑中有生物质能锅炉，1/4的建筑中引入了高效的热泵。当然，实施这些规制会增加建筑开发商的经济负担，因此在执行规制时，也会有各种各样的援助制度。

地方的能源供给事业者（德国现在有提供电力、天然气、地域暖气等超过800家能源供给公司，均为自治体所运营的公社或者第三部门）在设置地域暖气网络的时候，则根据其配管大小和长度来提供援助金。这种方式使得原本因耗资巨大且人口密集，而较难配置地域暖气的地区的暖气网络得到了发展，热能供给部门也取得了巨大的节能（排除个别效率较差的小型锅炉）及热效率提高（地域暖气的热源都是天然气式的热电联产设备，热效率很高）的成果。

最后是大幅度地削减分母，即总能源消费量的措施。人口增长情况和日本类似的德国，每年只新建17万户左右的建筑，相对于约4000万户总建筑存量而言仅占0.4%左右。近年来的新建建筑物中，建设必要暖气能源消耗最小化的节能建筑是必须履行的义务，同时因为到2020年新建建筑物的节能标准还有计划进一步加强，所以1990年代之后的建筑物的节能余地并不大。

但针对经济高度增长期及以前所建造的建筑而言，因其占了总建设量的6到7成，进行隔热改造和锅炉更换等节能改造的必要性很大。因此德国的能源战略中，以每年2%的建设量为最低目标，在节能改造时实行零利息融资和补助金等制度来推进。遗憾的是由于财源不足，现在只改造完成了1%，为实现2%的目标，政府正想尽办法凑齐财源，凝聚一切力量支援节能改造。

比如在雷曼事件后的金融危机时，德国最开始实行的促进经济增长的保护措施是增加节能改造补助金。因为这项措施的实施，一项补助金的准备会融合8个开发商的投资，由地方的建设单位施工，比起必须确保所有预算到位的道路建设等公共事业而言，其在国民经济学意义上的经济效果更好。还有一个优势是回避了能源成本，8个开发商的投资费用用10到15年的时间就可以返还，中期对消费者也没有任何负担。德国已经认识到，与其支付能源消耗的费用，不如推进有助于雇用劳动力、资本循环的节能改造以及补助金政策，在被喻为绿色新政的政策中，这比推进可再生能源本身更重要。

瑞士也有类似德国的各种援助制度。重点投入的是建筑领域，其运营由26个州的能源责任部门完成。每个州必须制定反映地域性的援助项目，根据每个州拨付的援助金额，国家也给各州下拨援助金。下拨的具体金额也会根据前一年该州的援助效率，即每法郎所起到的温室效应效果而变化。

一般瑞士各州的援助是这样进行的。其对象之一是新建建筑中有隔热性能的"绿色（mineruki）建筑"。即隔热材料的厚度为30cm左右，且有热量回收和换气功能的建筑物。此外对于已建成的建筑物，也援助将老旧灯油和电气锅炉更换成可再生热源的工程。对于使用产业废能和可再生热源进行地域暖气网络的建设和连接工程，相关的教育和意见征集、项目可行性的调查也有经济上的援助。

此外，援助金投入最大的是瑞士对已有建筑物的隔热改造，这项由国家统一实施到2019年为止约拨款项目正在进行中。援助对象是三层隔热窗的更换，以及外墙设置16～18cm以上的强化隔热。建筑物节能改造费用，可成为所得税减免的对象。

2010年，州拨付的援助金中用比例最大是直接的节能对策，即节能改造和太阳热水器。与此相对应的间接对策，则是面向居民和企业的能源建议服务。

此外，其他欧洲各国也开展有各种各样的援助项目。

可再生能源设备建设许可的简易化

在推进可再生能源时，其设备的设置与建设所需许可的获得是十分困难的，因此阻碍可再生能源发展的情况也很多。下面简单介绍一些实例及其在德国的解决方法。

·推进海洋风力发电：因为海上风况稳定，同时风量也超过陆上，以位于北海、波罗的海附近的丹麦、英国、德国为首的各国正在推进海洋风力发电（offshore wind park）。但是民间事业单位如果设置海洋风力发电站的话，就会面临审批许可问题。不仅是设置场所的许可，还有在海洋电缆线铺设区域上的水利权、渔业权、海上交通运输相关的许可。针对这种情况，德国考虑了风况和地形，以及陆地上与电力系统的连接，在北海和波罗的海海域设置海洋风力发电场所，对在这里开展业务、投资，并准备设置风力发电机的事业者，国家以横跨各省厅的形式实行许可认定。

·推进陆地风力发电：德国在1991年实施电力供给法后，虽然顺利地建设完成了陆上风力发电设施，但是最阻碍其发展的是《建筑法典》[*]。因为如若在农田和自然保护区建设风力发电厂，会被看作是一般工厂类的产业设施，在土地利用规划层面不可能拥有建设许可。因此，1997年开始实施的建筑法典的第35条做出了修订，明确了风车和高压电线铁塔等一样，不是一般产业设施，而是特例。这部法律的修订使得在风况良好的场所，进行大面积的风力发电站建设变为了可能。

此外，现在州一级的《地域规划》虽然是自治体制定的总体规划《土

---

[*] 译者注：《建筑法典》指的是德国城市规划相关的法律。德语正式名称为Bang esetzbuch

地利用规划》的上位规划，也明确地标出了风况良好，技术上具备实施条件，且在景观和噪声等方面不会对邻近居民和自然产生不良影响的，可能设置风力发电装置的场所。根据在地域规划中被标出的可能场所，投资商很容易获得建设许可。但是也有些州不主张快速推进风力发电，在地域规划中完全不标明可获得许可的场所，该制度反而成了设置风力发电装置的绊脚石。

·推进太阳能发电：推进太阳能发电和太阳热水器的一大障碍是在受保护的历史性建筑、通道及地区中进行设置。在德国乃至欧洲，以历史性和景观为由获得保护的建筑很多。因此，推进太阳能的自治体和事业单位，与历史建筑保存管理局之间会起争端。但这仅仅是主观意见上的对立，并不需要采取完全废除规制的方法，而是必须要根据民主的判断，研讨导入建设许可的手续。

此外，对于设置在室外的大型太阳能板设施，现在在自治体所规划的《土地利用规划》和《地区/建筑详细规划》中，仅容许在指定场所设置。这也是为了避免在农田等场所进行大型太阳能板的无序开发。此外，在固定电价收购制度中，从2008年法律修改的时间点起，详细规定了户外大型太阳能板应该在怎样的条件和场所才能成为购买的对象，这也是为了避免太阳能发电的无序开发所引起的市民情绪的恶化。这方面也是日本必须认真研究的。

·推进小水力/微型水力发电：技术上完成信赖度高，初期投资也较低，购买制度充实，同时在有特殊高低差优势的德国南部也有一定潜质的小水力发电，至今还没有获得发展。

其原因是获得水权利等方面的许可十分困难。如果没有像德国弗莱堡市那样，由投资者、自治体、州的派出机关拧成一股绳般的合作体制的话，现实的问题就会是根本不可能在有潜质的地方设置成片的小水力发电装置。虽然小水力发电规模小，其概念在州的地域规划和自治体的土地利用规划中也都有记载和展示，同时十分有必要在申请许可的时候确立其被优先考虑的优先权。

在水力资源丰富的瑞士伯尔尼州，就试图实现保全水系再自然化和增加水力发电的双赢。为此该州制作了标明水系的地图，明确了从生态系统、景观、渔业、水力发电潜质角度可定义为小水力发电的可能区域。这也属于州地域规划的一部分，虽然这并未使建设许可得到简化，但却是孕育高效项目的重要基础。

日本虽然也在研讨所谓特区的方法，但是对于在小水力发电上潜力巨大的日本来说，必须尽快清除障碍，加强紧迫感。

· 生物质能的推进：和其他的可再生能源设施不同的是，生物质能源需要培育、饲养，并要收获、回收才能被作为能源使用。因此它是和第一产业紧密相连的。无论哪个先进工业国都会注重对自己国家的农业等第一产业的保护和培育，但关键是实行让农业和生物质能相互发展又不起矛盾的政策。

原本依靠生物质能来取代农业和林业就是不可能的。因为先有农业和林业，为了提高其经济效益才有生物质能的使用。但是在中型和大型的农户中，仅依靠奶业等农业收入来维持事业是十分困难的，因此也有依靠能源生产来维持生计的农户。从农业角度看，通过各种规制或规制的缓和，及其援助措施来实现粮食生产和能源生产的平衡是必不可少的。

在日本，总是能看到与此顺序相反的援助金，要明白如果以使用生物质能为中心，农业和林业是得不到振兴的，必须要充实能够清除设置障碍的制度。例如，德国的奶农在进行生物质能发电时，其所经营的农业和发电供热事业在税制和援助金上都是不同的，因为不能作为同一事业进行运营，因此产业上要完全区别开。对于家族经营型的农户来说，由此增加的书面材料是件麻烦的事情，也会增加税理师和会计师的支出。该事业如果能配有统一的有利于农业和林业从业者的制度，就可以清除这一障碍。

（村上敦）

❷ 地域的能源概念

作为自立目标的能源概念

"能源概念"是指自治体实现能源自立构想和行动规划,也是制定政策的基础。其是从1990年代开始由欧洲各地的自治体制定的,并不是特别稀奇的概念。然而近年来,"能源自立"和"气候中立"目标兴起,更新制定新概念的自治体也在增加。此时"防止温室效应概念"和"能源概念"基本被视为同一概念。国家和州层面也对此发放了援助金。

该内容的网络范围,因为自治体的关注度和预算不同而不同。比如第一章所介绍的德国"100%可再生能源地域"项目所发行的小册子"能源转换途径的地域能源/防止温室效应的概念"[1],就由下面所述的三个部分构成:

1) 现状分析

能源自立出发点首先是把握在电力、热、交通领域的能源消费和二氧化碳排出的状况,以及是否可以使用可再生能源的状况。其次是持续的能源潜力调查。这也分为节能和可再生能源的生产潜力两种。关于可再生能源的潜力,一般是指根据地理位置和资源密度确定适宜面积和地点而导出的"理论资源量"(赋存量)和根据地域资源中可能进行经济运营的技术效率所算出的"技术资源量"。

2) 政策目标

前文我们讲到了地域能源及气候政策所设想的蓝图及可以数值化的短、中期目标。此外,在设定目标的时候,也会导入"预定计划表"(scenario)手法。即将现状维持型的政策与"100%可再生能源"型政策中的能源供需的发展进行比较,让其更通俗易懂。

3) 实施战略

在制定对策清单时,因为没有出现反对者,让地方的利害相关人员一起参与制定的实例也在增加。对策清单会写明各个领域分别的对策及其优先顺序、负责人、时间轴等。同时也追记有对策的能源效果、成本、对地方的价值创造等。最后明确确定了对策的实施体制以及成果的评价方法。

使用GIS（地理信息系统）将能源可视化

精确知道能源利用现状和潜力是能源概念的重要一环，为了将其图像化，需要从以下几个方面使用GIS技术：

1）太阳能屋顶手册

居民可以在网上查阅每栋建筑物上屋顶面的太阳能和利用太阳光的适宜度。比如德国波茨坦市可以把太阳能从可能设置面积和发电量、1年收获量、20年的总投资额以及售电收入额完全算清楚。本书介绍的地域中，德国的弗赖堡市，蒙巴赫市，瑞士的巴塞尔州和厄斯特费尔德（Erstfeld）等，近年来普及速度十分迅速。

2）风力和生物燃气（biogas）的位置分析地图

主要在风力和生物燃气较为盛行的德国实施。让我们以德国的能源事务所奥普曼公司的GIS地图为例。风力发电时，除了风量、自然保护区和景观保护对象以外，从居住地开始按一定的间隔（1000m），将已有送电网数据上的数据加到地图里去，从而得到技术上适合的候补区域（图2）。根据这个地图，在现场进行严密的测算，并展开与土地所有者的对话。生物燃气方面，离不适合耕作的土地和居住区要间隔一定的距离，同时还要考虑地方供暖网络通过的距离。

3）热能消费地图

把热能消费量按照每公顷来平均化，并按照消

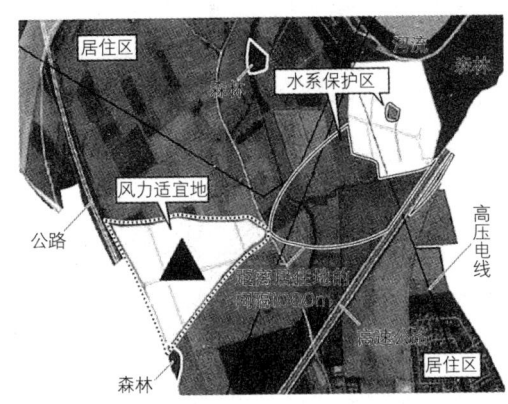

图2：德国富尔达布湖克（Fuldabrück）县的风力适宜地的GIS地图。三角状的地带为风力适宜地（提供：OppermannGmbH）

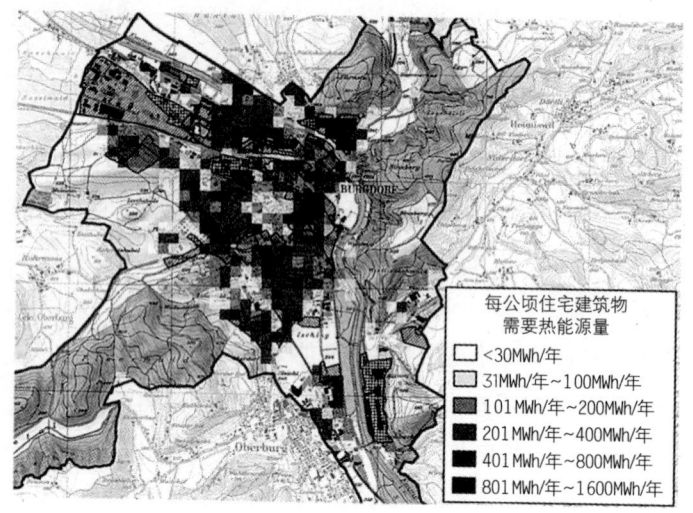

图3：瑞士布格多夫（Burgdorf）县的热能源消费地图（提供：Geo7）

费水平划分颜色，实现地图化（图3）。这也有利于寻找地域暖气适宜地。在瑞士，因为各自治体和州掌握着建筑物的建设或改建年份，以及体量的数据，要计算出建筑物的热消费量并不是难事。自治体的建筑物热源种类和导入年份也已实现了网上登录。较为先进的例子是德国的莱茵辛格地区的WebGIS。该网站将区域划为250m×250m的方格，每格标示有能源消费量和可再生能源的生产潜力，分别按照电力和热两个领域标示。此外还有叠加了消费量和生产潜力的地图，从而使得每个区域单位的能源自给潜力的大小一目了然。对于地方来说也有助于可再生能源的融资。

4）热能源供给规划地图

可实现热能供给的空间管理的地图，主要应用于瑞士（图4）。地图可表示每个地域里适合使用高温废热（垃圾焚烧场和工业废热）和低温废热（如有大型水管的地区）、环境热（指使用地下水和地热的热泵）以及木质生物质能进行供热的地区。同时标记有现有的煤气管、地域暖气配管等。比如苏黎世州的自治体就把这个规划纳入到了建设条例中，把考虑其与地域暖气的连接问题规定为开发商的义务。

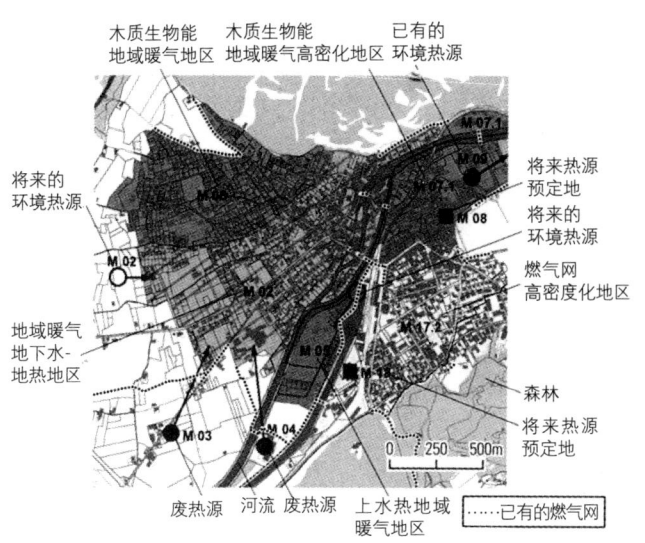

图4：瑞士因特拉肯（Interlaken）地区的热能源供给规划地图（提供：Geo7）

德国Juwi公司的能源概念实施方案

以能源概念为基础，将可再生能源发电平台和地域暖气设备项目具体化，并进行建设和运营的主体主要分为三股力量：一是下节将会提及的本地居民和企业；二是本书反复提到过的，归自治体所有的基础设施公司和市营的能源公司；三是因为要实现可再生能源项目而被特定化的民间企业。他们既对自治体提供咨询服务，也可制定能源概念方案，根据每个具体项目的开发情况、资金运作、建设情况的不同来提供服务，甚至还可提供司机服务。他们也是三股力量中实力最强的。

这里要介绍的是一家民间企业Juwi（Juwi Holding AG）公司，位于莱茵兰-普法尔茨州（Rheinland-Pfalz）的沃尔施塔特（Vorstadt）市，由出身农家的大学生玛蒂尔斯·威廉巴哈和布雷德·尤库，1996年在自家设置风力发电机而起家。随着时代的更迭，该公司的从业人数在15年间从两人发展到1500人，成为年销售额达8亿欧元的中型企业（参照本章专栏）。目前的主营领域为太阳能、风力、生物质能，同时也涉及地热、水力、节能建筑和电动汽车。

第七章 能源自立的必要框架　　205

Juwi公司不仅依靠特定的技术，而且依靠综合多样化的技术来实现自治体期望的"100%可再生能源"，还设置有100%可再生能源营业部门。该公司虽然也可制作能源概念方案，但一般不是纸上谈兵，而是根据现场状况确定"可用的内容"。例如在潜力调查中，公司会采访地域农户和企业，调查土地所有关系和经济性等。

提升地域价值的概念塑造

Juwi公司不仅实施具体项目，还以重视居民参与和地域价值创造而闻名。

"我们的方案设计总是以如何提升地域价值，完成为自治体增创税收以上的工作"，工作在100%可再生能源营业部门的菲林普里泽·费尔德如是说。

比如在设备投资的资金方面，除民间投资家外，Juwi还注重从自治体和市营能源公司，以及居民组合来获得资金。因为运用本地的资金来实现可再生能源事业，对于本地的经济发展是有好处的。因此，Juwi与各地的市营能源公司合资成立有限公司，来支援居民组合的创建。同时，对于投资额较大的风力涡轮机，公司会将一部分资金分给居民组合，剩下分给市营能源公司。

此外可再生能源事业所获得的收益并不完全集中在沃尔施塔特市，而是在各地设子公司分散纳税额。

从2010年开始实行电力的自产自销*模式。设立"Juwi green energy"电力供给公司，将沃尔施塔特市的风力涡轮机生产的一部分电力以十分低廉的价格直销给自治体和居民。在无风期购买水电，保证100%可再生电力能够稳定地提供给顾客。但是只有周边地区的居民可以购买。该公司今后计划在设立风力涡轮机的地区，增加这种自产自销的模式。这也是一种因分散型可再生能源利用而增强了地方活力的做法。

---

* 译者注：即本地生产，本地消费

100%可再生能源的游说者

Juwi公司的目标是"100%可再生能源"。为了让德国及全世界认识到这个目标的实现是可能的,2010年公司设立了"100%可再生能源基金"。该基金独立于企业的营业活动,专门开展"100%可再生能源"的启蒙、教育、研究和游说活动。未来计划朝着资金面也独立于Juwi公司的组织方向发展。虽说如此,基金活动反映还是该公司在可再生能源现场所收获的经验和知识。在基金会工作的拉尔福·东嘎如是说。

"为了实现世界范围的100%可再生能源,本公司不能独占相关的知识。这不是竞争的时代,而是合作的时代"。

为了把德国,乃至世界带入到分散型100%可再生能源的社会,需要尽可能多的能源公司及市民的实际行动。

(滝川薫)

❸ 扩展市民参与和小型投资的手法

将市民变为能源生产者的革命性法律

在第一章的第2节中我们讲到,第二次世界大战后习惯了被动购买能源的市民,开始一改往昔,兴起了自己生产能源的市民能源复权运动。那么为何会产生这种变化呢?就德国而言,1991年实施的《电力供给法》是最大的原因。该法律与2000年修改的《可再生能源法》一起构建出了几乎任何人都可以进行可再生能源发电的法律框架。其规定了各地管理送电线的电力供给公司必须把新设置的太阳能、风力、生物质能发电设施与已有的送电线系统相连接,法律所确定的电价保持20年不变也是必须履行的义务。

电力供给法的成立背景,是活跃在北德意志的、希望促进风力发电的市民先锋们的积极的政治游说活动。当时在北德意志参加该运动的约瑟夫·本修说到"虽然该法律只有4页，但是它所带动的事情意义重大，是革命性的"。现在，本修是为可再生能源的市民投资提供咨询顾问业务的弗莱堡市FESA公司的经理。

和其他的发达国家一样，第二次世界大战后，德国的电力以大型火力和核能为主，基本由电力公司来经营。因为1991年《电力供给法》这一革命性的法律，可再生能源的发电事业成了一项谁都可以投资，谁都可以成为发电业务主体的一项事业。而且1kWh的电价20年保持恒定，没有经营风险。银行融资也十分方便。

小额市民投资者能够安心地参加能源生产事业，促进了小规模分散型可再生能源的普及，这一点是十分重要的。大型企业要开展大型事业才算是开始了经营。它们不能也不会对小规模的分散发电事业插手。在可再生能源事业中能够吸引大型企业的是数百兆瓦规模的海上发电或沙漠中的大规模太阳能发电项目等。因为每处的输出电力只有几千瓦或几兆瓦的小规模太阳能、风力、水电和生物质能发电项目，对于大企业来说利润不高，它们的参与积极性并不高。而对于小企业和市民来说，这些项目的意义就不一样了。小规模分散型可再生能源尤其吸引小额投资者。为了普及小单位量的发电，需要小额单位的投资者的加入。这也是当时的市民运动家们所希望并呼吁的。政治追从了运动的要求。这也是在能源生产领域的一场和平的市民运动。

电力事业打破以往依靠大企业大资本经营的社会理念，转变成了任何人都可以投资、经营、参与的模式，德国的可再生能源发电量突飞猛进。2000年的可再生能源法中所设定的目标是到2010年可再生能源发电量占总发电量的比例增加到12.5%。该目标的设定是经过了专家预测的，但现实的成长速度则大大超出了预测，到2007年就已实现。到2011年底已经达到了20%。因为小额投资在同一时间内分散到了各地，造成了超出专家预测的急速成长。

那么，在一般家庭中超过电力消费4倍能耗的热能领域又是怎样的情形呢？该领域原本就不是单极集中式，而是分散式的，建筑物内的全屋供暖的主流是中央暖气系统（central heating）。每栋建筑的所有者就是热能的生产者。因为原本就是分散型的生产、供给和经营模式，并不需要像电力那样进行法律上的革命。只需要把作为燃料的石油和天然气，更换为生物燃气、木质生物质能、太阳能和地热。以设备的投资补助和低息融资为中心的传统援助对策就可对应。况且石油价格这10年高涨，相比之下使用生物质能也较便宜。该领域的新措施是地域暖气。本章也介绍了相关的几个实例，资本主要来源于市民和地方企业投入的本地货币。

市民投资的多种形态

市民对可再生能源的投资有各种各样的形态。

农家在投资经营太阳能发电和生物质能发电时，多采取联名公司、合资公司等形态。而在自家设置太阳能板等小型事业没有必要一定采取公司的形式。

为了集合多数的市民和团体资金建设和经营能源设施，通常会采取有限公司和股份公司的形式。参加形态大体有两种。一种是成为公司直接出资人和股东，享受利润分配；另一种是在有限公司和股份公司中设立信托投资部门（资金管理运用部门），来收集市民和团体的资本，进行投资、经营和利益分配。要招募大量市民参加的，进行比较大投资的情况，多采用后者。被称为"市民太阳能"、"市民风车"的项目基本都是这种形式。第二章介绍的德国生物质能村马尔海姆的"solar complex"公司则两种形态都有。

资本金的种类也有很多。首先是开放资本金和封闭资本金。前者指的是可追加投资的资本金，后者指的是投资对象从一开始就被限定好的资本金。可再生能源的资本金一般是后者。市民和团体针对具体的物件进行投资。因为不是指"某个地方的太阳能板或风车"，而是指"这个村的这个地方的太阳能板和风车"和投资物件是具体而可见的，投资者很容易将能源设施同化到一起。

组合的形式也在增加。所谓组合，是欧洲从中世纪就开始施行的一种古老的企业形态之一。组合成员既是组合的商业伙伴（供给者和购买者），又是出资者。这种形态产生了自助、自己承担责任、自己管理、自我认同（identity）的组合特性。作为出资者的组合成员的决议权和出资额无关，大家都一样。组合也和一般企业一样进行经济活动，其企业理念有公益性，是兼具股份公司和公益法人两者特质的组织，也被誉为"最民主的企业形态"。这数年来，欧洲中部以农林业为中心，组合这一组织形态倍受关注，设立数也在增加。各地正开始研讨并实践用组合的形式经营使用可再生能源的地域暖气及发电项目。

描绘本地蓝图，寻求合意的手法

在德语圈存在"争论文化"。有句俗话叫"爱讨论的德国人"，事实也确实如此。人们一起讨论，提出各种观点，整理分析事物，提出解决方案，然后再深入讨论，确定重点，排列好优先顺序，展开实践。这种手法应用于德国政治、文化、社会的所有领域，展开形式多种多样。这种"争论文化"也被称之为"批判精神"。"批判"在德语圈是积极的词汇，各种批判将事物导向改善的方向。另一方面，如果从责难和消极角度出发的言语过多，也会产生对立，形成集团壁垒。

有效避免了这一集团壁垒的是"工作营"（workshop）方式。在欧洲中部的德语圈被广泛使用的是"未来会议"和"未来工房"。两者都是拥有10年以上的实践经验，获得极高评价的成熟方式。为了避免对立和决裂，采用了各种手段积极导入对话。这些工作营方式有如下几个共通点、手段和技术。

- 为了活跃参与气氛，构筑信赖关系的手段（会议场所的气氛、开心游戏等）
- 正直地表达自己的情感
- 刺激想象力
- 确定明确的规则：不进行个人中伤，在开始的时候，不能进行全面否定，不被已有模式左右
- 促进积极的思考

- 将视野面向未来

本书介绍的能源自立地区的实例，比较多地谈到了地方和自治体的蓝图和目标，多数都使用了未来会议、未来工房或者类似的工作营方式，来完成寻求合意的过程。

在奥地利福拉尔贝格州（参见第三章），汇集了当地各方利害相关人员的工作营活动举办了多次，最终制定出了地方的能源蓝图。照片1中所示工作营的主题就经过了深思熟虑，是工作营实践的模范案例。该工作营关注社会焦点，调动参加者的想象力，防止普通争论中的对立和决裂，成功地共同描绘出了可以实现的未来蓝图。

此外，在德国西南部积极开展可再生能源普及活动的Solar Complex公司（参见第二章）的诞生也得益于2000年集合了20位当地的政治家、学者、文人代表参加的工作营。该工作营得出的一个结论是，地方的能源转换只能依靠企业展开经济活动来完成。因此设立了由当地人士出资的Solar Complex公司。

对居民的启蒙活动

为了促进小规模分散型可再生能源的快速普及，不

照片1：奥地利福拉尔贝格州的工作营（资料提供：Energieinstitut Vorarlberg）

仅需要原来就关心此问题的阶层、各机关团体成为主导，也需要一般居民的广泛理解。

最有效的方法是，当地的可再生能源事业中与实际事业相关的专家、实践家、事业家通过媒体向市民进行传达。虽然有写新闻报道，演讲会宣讲，召开视察会等各种方法。但实践家们的话最有说服力，最具吸引力。重要的是，传达的人有信念和值得骄傲的东西，并能将其真诚而长期地、不厌其烦地进行传播和解说。

照片2：Solar Complex公司开展的每周六面向市民的可再生能源免费考察活动（资料提供：Solar Complex AG）

位于德国西南部辛根的Solar Complex公司，经理贝内缪拉从公司成立开始就坚持平均每周两次在本地进行演讲活动（第二章第2节）。据说每次都被问同样的问题。他每次都诚实而耐心地回答。每周六也开展免费的参观出游活动（照片2）。实地观看和感受是非常有助于人们理解的。这样的活动持续了很多年，渐渐地促进了当地人们意识的变革。在本书所介绍的实例中，同样的活动在各地都有不同程度的开展。

对未来的主人—儿童的启蒙上，学校是十分重要的媒体。各地的地方企业和环境团体、NPO等，都提供可再生能源相关的教材和资料，安排参观活动和工作营等。

对成人的启蒙上，教会这一媒体尤为重要。教会是定期召集当地的居民、洗涤精神、交换信息的场所。基本上越是农村，教会作为社交和信息交换场所的意义就越重大。由教会团体主办的学习会和演讲会的效果也十分明显。环境团体和可再生能源支援团体中，积极与教会合作的情况比较多。

现在，教会是居民的"模范"。教会自身率先使用可再生能源的时候，对居民的影响力十分大。比如南北约200km，东西30~70km，网罗七大地区的弗莱堡天主教大司教区，因为环境团体的奔走活动，教会相关建筑设置了太阳能板，积极进行建筑物的隔热和改建。现在大司教区事务所中，设有针对此项事业的专门职员，司教区内各地会定期召开说明会和工作营，由教会推进的可再生能源援助以及建筑节能活动也在进行中。

（池田宪昭）

❹ 能源转换中不可缺少的节能对策

节能是解决能源问题的关键

为了将现在以化石燃料和核能为主的能源供给结构转换为以可再生能源为主体的结构,"节能"有着十分重大的意义。

原理十分简单。分母是总能源消费,分子是可再生能源。假设分母现在是10,分子是1。可再生能源占整体的10%。之后的20年,保持一次能源消费值不变,而让可再生能源增加4倍的话,其所占比例会达到40%。接着进行广泛的节能,可让一次能源消费50年间减少一半。可再生能源的比例,如果也增加同样的量的话,就会占到总量的80%。如果能够减少分母,也就是能源消耗总量的话,就可以尽快地脱离核电,阻止陈旧低效的火力发电,实现向可再生能源的转换。

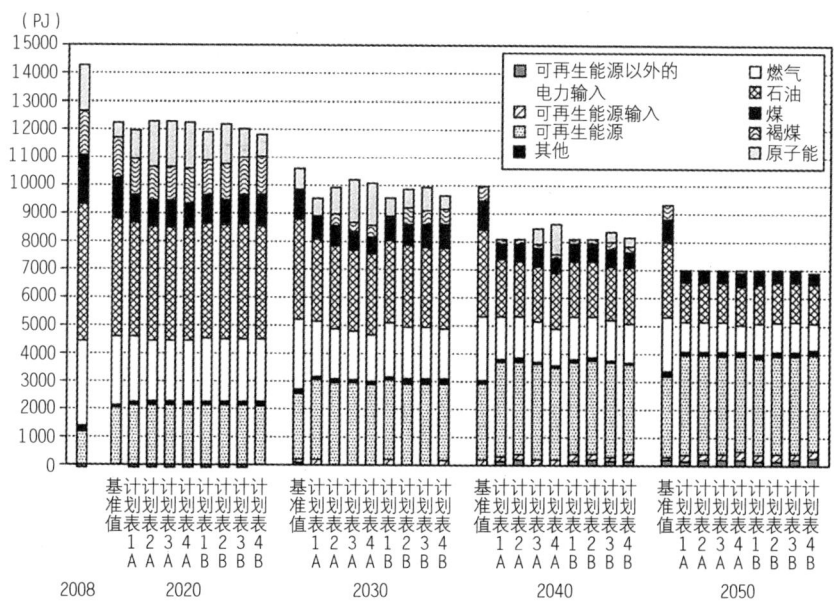

图5:按能源类别来看的德国一次能源消费的推移预测(2008~2050年)(来源:Prognos/EWI/GWS 2010)

第七章　能源自立的必要框架　213

德国的政策目标是到2050年一次能源消费中可再生能源的比例达到60%。实现此目标的前提是大幅度的节能,也就是作为分母的一次能源消费的削减。图5表示的是德国最新能源概念方案基础的数据,展示出了一次能源中各类别所占的比例结构。以此为基础,德国政府目前的目标是到2020年将一次能源消费减少20%,到2050年减少50%。

德国从1990年到2010年,虽然GNP约上升了25%,但一次能源消费有所减少。过去的20年间虽然也进行了节能,但今后会加快节能的进程。政府在能源问题上,将可再生能源视为"将来能源供给的支柱",将节能定为解决问题的关键,十分强调其重要性。下面我们按照部门类别来看一下具体内容。

建筑物的隔热改造带来的大幅节能

德国最终能源消费的40%左右是用于住宅、办公楼、工厂等建筑物的暖气和热水。一般住宅中,建筑物能耗的80%是暖气。因为所占比例巨大,该部门成了德国节能对策的重点。德政府的目标是到2020年为止,建筑的热需要比2008年减少20%,2050年为止将其对一次能源的需要量减少80%。这是非常有野心的目标,根据也十分明确。

欧洲自1973年石油危机以来,各国都制定了建筑的节能标准,渗透到了建筑规制(法律)中。德国1977年以来,就将一定水平以上的隔热性作为建造建筑时必须履行的义务。德国表示隔热性的单位是热负荷(kWh/m^2·年=每平方米建筑每年的暖气热量需要),一般住宅的热负荷标准在1985年为180,1995年为110,2002年为75,2009年为55,越来越严格。换算成灯油的话,每平方米的年暖气能使用量25年前为18升,现在为5.5升[2]。

在住宅寿命为100年以上已成常识的德国,建筑历史达30年以上,且在节能义务实施之前建造的建筑物占了3/4。大部分都是热效率比较低的建筑物,年度热消费(暖气负荷)为每平方米25～30升灯油,约为新建建筑的4～5倍。大概10年前,以控制老旧建筑物的热能消耗为目的的论坛十分盛行。将30升能耗的住宅改造为15升的情况较为普遍,新建建筑可以达到10升以下,此外,降到1.5升以下的被动式节能房(德语:PassivHaus)改造也并不稀奇。因为1980年代开始实行的严格的隔热标准,高隔热性能住宅的研究开发得到发展,设计和施工、产品制造的技术也不断提高,在改造领域得到了广泛运用。尽管燃料价格在不断上升,节能改造的需求也在增大,但只要得到普及,以相对低廉的价格开展改造工程还是可能的。

德国政府从2000年中期开始就导入了低利息的融资制度,以促进节能改造。2007年,以欧盟的指南(2002/91/EG)为基础,导入了"建筑能源证书"制度,节能改造发展的速度大大加快(图6)。证书中明确了建筑每年必须的一次能源消费量和二氧化碳排出量,且同时记载了相应的改造建议。无论建筑物的所有者是公共、企业,或是个人,如要向他人进行出租或买卖建筑物,都必须事先取得此证书。证书必须由取得"能源鉴定师"资格的建筑师、结构师、能源技师、工匠、暖气器具施工人员来审核发行。居住面积在$15m^2$的一般家庭住宅,大概需要两小时左右的现场调查和资料调查,合格后就可以获得证书。房主所承担的费用在1万~2万日元左右。

虽然该证书的取得并非法律规定的节能改造义务,但是对于房主而言,可通过该证书来了解自己房屋的节能性能和弱点,明确把握需要改善的地方。证书中会写明需要怎样的改造,能源需要量就可以消减多少,在进行节能改造时,就可以算清楚一年可节约的能源成本。

这里介绍一个案例,是关于某能源鉴定师在黑森林地区对1970年建的

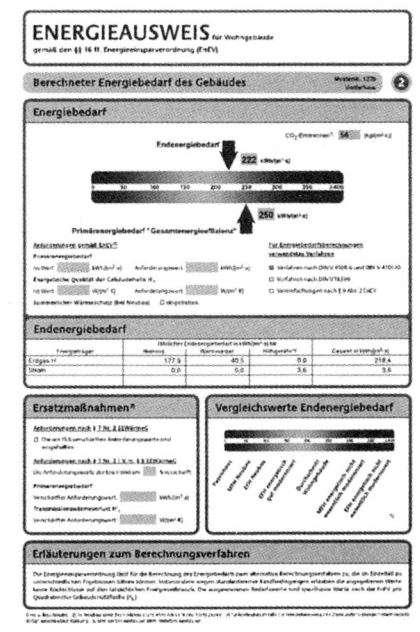

图6:建筑能源证书的一部分(出处:dena)

住宅进行能源鉴定证书的调查工作。通常证书里会写明改造意见,但不会写明预算,但是这位鉴定师还给出了改造成本预算表。

该建筑物的居住面积为150m^2。年能源需要量为350kWh/m^2。其中暖气和热水的热需要量约为300kWh,乘以150m^2,年热消耗为4.5万kWh。换算成灯油量是4500升。灯油的价格是每升0.8欧元,该家庭支付的年热能费用是3600欧元。

提高该家庭的能源利用效率的改造方案有三个要点。① 是屋顶和地下室的天井、温水管的隔热改造,费用大概在7500欧元。计算可知此改造理论上可减少20%的热消耗。② 是将产生暖气和热水的地下锅炉,更换为新式的高热效率类型,顺带在屋顶设置热水用的太阳能板。这样花费1.2万欧元可以减少35%的热能消耗。到这一步已经可以节能50%以上。接下来进一步翻新的话,③ 可将15cm厚的隔热层和框架换为高性能的隔热玻璃。费用大概在2.75万欧元。①~③ 步工程全部费用为4.7万欧元,每年可以减少热能支出1840欧元。假设每年的燃料费用以5%的幅度上涨,16年后就可以收回改造投资差额。

简单的节能工程10年就可收回,稍大规模的改造约15年就可收回投资差额的话,对于房主而言的经济负担也会减轻。况且,建筑的隔热性能提高后其自身的资产价值也会提高。近年来,虽然新建建筑的需求在减少,支撑德国建设行业的地方工程公司和暖气设备店却在改造领域找到了出路。德国的住宅户数(即家庭数)约为4000万,其中6~7成有节能改造的需要。根据最近市场调查的结果,德国节能改造的市场潜力在每年240亿欧元左右。这些货币和可再生能源的情况一样,被分配给了分散在地方的小型从业人员。对地方经济和创造就业机会有着十分重要的意义。这一针对气候保护的有效措施,产生了巨大的国民经济效果。

虽然低利息的融资、建筑能源证书已经促使了德国房主们自发地进行节能改造,2009年节能法修订后,节能改造还是被确立为法定义务。即在进行建筑物外侧的节能改造时,必须达到法定的隔热施工标准。由此,建筑的节能化又开始了进一步的增速发展。

此外被确立为法定义务的还有一项，虽然占整体数的比例很少，即6个家庭以上的集合住宅所使用的、有30年以上使用史、高能耗蓄电暖炉（即使用夜间电力的暖炉），到2020年必须阶段性地更换为高效率的暖气系统。

发电·产业·家电领域的节能

图7所示的是德国环境署2010年发表的最终能源消费和一次能源消费结构表，其中发电的能源转换损失值（发电的输入能源和输出能源的差值）原本很大，正在大幅度地减少。这一方面是由于可再生能源的增加，低效的火力发电（发电效率30%）被取缔，另一方面是热电联合机的普及。德国的目标是到2020年，热电联合机的发电量提高到25%。

2002年实施的《热电联合法》规定，热电联合所发电力，即使燃料是天然气，但可视为是使用可再生能源，将保证其在一定期间内以指定价格[3]进行买卖。此外《热电联合法》2011年被修订，针对热配管的最大支援比例

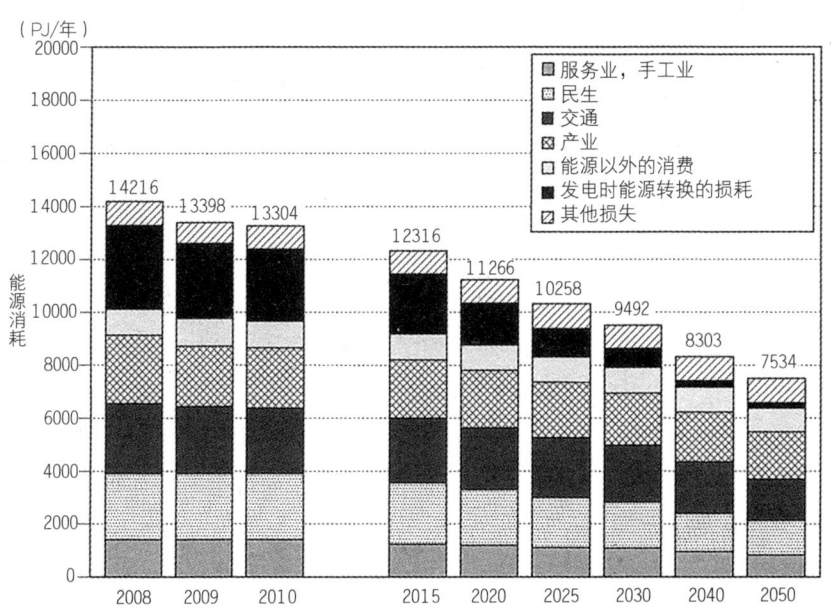

图7：最终能源消费、一次能源消费的基础预定计划表2010A（出处：德国环境署）

第七章　能源自立的必要框架　　217

达到20%，同时还增加了对50kW以下的小热电联合机相关的设备补助。前者是为了促进由热电联合设备提供的地域暖气的普及，后者则是为了促进一般家庭热电联合设备的发电和发热。

产业部门的大幅度削减还没有纳入计划。这也是因为德国和日本一样，很早就开始了在产业领域的节能，以前就得到了削减。产业部门的能源结构明细是，机器运转所需热量为66%，大型机械电器发动机（motor）和热泵所需电力为20%，建筑物的暖气为12%，余下的1.5%为照明。

电力领域的节能潜力很高，电机业联盟预测的是现在运转的三分之一的发电机，从经济性的观点来看是可以交换的。仅将老旧发电机更换为市场最新式的产品就可以节电15%。

此外，德国环境署2008年完成的《能源效率化计划》旨在促进针对高效能源技术企业的投资。此外还考虑对导入能源管理规格的、对气候保护有贡献的企业的优待措施。

家用电器领域的能源削减可能性也比较高。一般家庭用电的四分之一是电冰箱，预测德国约有1600万台是10年以上的老型号，如果全部更换为效率较好的最新型号，约可以节省相当于1000MW发电设施发电量的能源。此外各占电力消费10%的电脑和照明的节能，在技术上也十分简单。

从1992年起，对于一般家庭所使用的电器，欧盟就实行了统一的能源消费表示制度。到2010年该制度得以修改扩展，不仅是家电、产业用电器，以及那些自身不消耗能源，却会对能源消费有重大影响的物品（如隔热窗等），都需要统一进行能源表示。能源消耗标签虽然在1992年就已存在，但2010年被修改以后，实行的是方便消费者理解的七阶段表示法。2011年末以后，电视、洗碗机、电冰箱、洗衣机、干燥机、吸尘器等电器开始使用新的能源标签。

走在后排的交通部门的节能

德国交通部门的在一次能源消费中的比例为18%，在最终能源消费的比例为30%。与过去15年间电力、民生、产业部门完成了减碳10%~20%

的业绩相比，只有交通部门反而增加了10%的排碳量。尤其有改善余地的是私家车领域。德国在耗油量低的diesel车的开发上虽然在进步，但与此同时平均的引擎排气量、车辆的重量也在增加，其效果发挥得并不明显。

最近较为具体的政策是"汽车税"，对于2009年以后登录的新车，在原有的仅以排气量为基准的排气税上增加了针对二氧化碳排放的税项。每公里的二氧化碳排放量在120g以内的无须交税，超过120g后每克征收两欧元。无须交税的排碳克数每年都在不断减少。

德国的高速公路（Autohahn）以质量高闻名，也是发达国家唯一没有速度限制的。除在危险部位，或有噪声干扰的地方会有速度限制以外，原则上基本没有限制。环境政党绿党，从很久以前就开始致力于高速公路的速度限制问题，从排碳量和交通安全的角度进行呼吁，但却不被德国政坛所重视。绿党中熟悉交通问题的议员维普尔多·赫尔曼先生这样谈论该问题的："这和美国的持枪问题很相似，可以从历史文化角度来说明其是非合理性制度，不在政治的刀刃上。"

虽然德国环境署的研究报告表明，只要设置120km/h的速度限制，汽车的排碳量就可减少9%，但政治方面却毫无动静。固守高速公路的速度限制问题的背后是贩卖排气量大的大型车量的德国汽车制造厂家。如果设置速度限制，它们所生产的高排量、转弯超稳定的高级车的需要量就会减少。虽然德国政坛没有动静，但马上欧盟将有可能实施统一的速度限制。

德国的建筑节能改造的潜力还很大，可再生能源的增加和热电联合的普及还可以大大削减发电部门的能耗，产业部门、家电部门、交通部门也有一定的潜力，除交通部门以外，政策方面还有很多积极的推动措施。本书的主题是地方的能源自立，虽然没有大量介绍节能实例，但节能确实是走向自立的能源转换之路上非常重要的一步。

（池田宪昭）

❺ 新时代的社会基盘的建构

安定供给～分散化和不稳定电源的影响及其对策

在2011年的上半年，德国可再生能源发电占到了电力消费量的约20%。况且还不具备像日本一样的大型水库发电地形条件。莱茵河等大河设置的大型水力的比例约占3%，随着7.6%的风电以及3.5%的太阳能发电的增长，系统所承担的负荷也在不断增加，很难保证持续且稳定的供给。这里我们简单介绍一些关于稳定供给的对策。

根据德国联邦能源和上水道事业联合（BDEW）的资料，德国国内有输出功率达到160.2GW的设施存在，除了风力、太阳能、和热电联合等以外，考虑到各种发电所的运转率，稳定的输出大概在93.1GW左右。因为德国电力需要量的峰值在冬季1月的19点为80GW左右，无论怎样的风况和日照量，都是可以确保稳定供给的。

然而，总输出和稳定供给的差值，随着风力和太阳能发电的推进逐渐拉大（德国平日用电高峰值夏天为60～70GW，冬天为70～80GW），作为对应太阳能和风力发电不稳定性的后备力量现有发电设备的运转率不断恶化。当然，在全境分散设置的太阳能和风电的发电量并不会同时达到零或峰值，正因为是分散分布的，在一定程度上可以保持稳定，但考虑到2020年可再生能源的比例要达到35%～40%的能源战略及其实际进展状况，必须马上开展针对各种电力系统的减负对策和稳定供给对策。

因此，根据各种优先顺序，德国制定了怎样保证稳定供给和系统减负的对策，今后也会持续研讨。优先度最高的两个方面是系统强化和错峰用电（Peak cut）等节电措施。

1）系统的强化

终于到了政治行动的这一步，德国制定了各种系统强化的相关法律，也制定出了由能源机构专家调研确定的高压系统和中·低系统需要强化与新设的路径地图，联邦的系统机关发出了促进系统强化的指示。然而实际上，到2020年和2025年分别实现2000km、3000km的系统新设和强化目标，完成情况并不好。现在施工中的系统仅有80km，有人严厉指出有必要比原来的速度提高10倍。当然实现途径多种多样的，根据断电、蓄电、智能电网（smart grid）的推进情况，或者说可再生能源发电一方的技术革新情况，系统强化的必须量也在变化，虽然还没有人讨论一次延长多少公里数的必要性，但是推迟强化进程的氛围确实存在。

无论采取何种途径都是为了完成德国政府制定的可再生能源电力推进的路径地图（2020年35%，2030年50%，2050年80%）的要求，今后不仅要灵活对应单向送电，还要对应双向送电，强化电力系统的容量。

2）错峰用电的节电措施

2011年末德国的太阳能发电，大约有25GW的设置量，达到夏天白天高峰值时德国全境有超过15GW的发电量流入电力系统。休息日电力消费量较小的白天，总电力系统中还可零星分布有太阳能发电量超过30%的混合时间段，太阳能发电设置较集中的拜恩（Bayern）州南部有时100%由太阳能发电。风力方面，特别是夜间吹强风的时间段，有时会有严峻情况发生，至今为止，在太阳能发电和风力发电上，只限于威胁系统安定的时候，系统运营方会使用远程操作终止发电，或部分切断，也就是所谓的断电，这样做在固定电价收购制度中是允许的。但针对中断时间内的电力，系统运营方必须按照固定价格，对可再生能源发电方进行补偿。

关于高峰断电的决定问题，根据2012年修改后的固定收购制度，不仅在风力和超大太阳能发电方面被强化了，针对中小型太阳能发电设施，必须设置能够将供电系统切断的远程控制装置。

这种系统强化和高峰断电措施，在政治上有一定的共识，实质上也有在推进。接下来一项优先考虑的项目是与需电方需求相适应的电力消费管理和蓄电。

3）智能电网

最近可再生能源专家们有些忌讳"智能电网"这个词，似乎已很少使用。理由是其定义暧昧，展开了很多没有学术价值的项目。专家们认同的有效的需求供给对策被称为"系统负荷管理"。

日本和德国也有智能电网的宣传，即通过智能感知系统状况，让停放在各家庭的电动汽车和插电式油电混合动力车（plug-in hybrid car）的蓄电器和家用电器中的电池与灵敏器产生连动，从而起到缓和系统负荷的作用。同时在日本，特别是在住宅业界，HEMS（home energy management）的呼声还十分高，它与家用太阳能发电和家电制品，或与燃料电池和蓄电池、电动汽车等联动的系统成为关注的焦点。在遥远的将来，依靠这种适用于民生家庭的方法，系统也许会迎来稳定的时代，但从学术角度看，这并不是能够在短期内将德国现有的问题在2020年前解决的方法。其原因不是技术问题，而是性价比不适合。

如今德国迫切需要的是，在系统中有明确的、压倒性的可再生能源发电对策，即适用于占德国电力消费量8成的产业部门的能源对策，而不是针对只有两成的消费量的微调对策。首先需要的就是被称为组合发电所的发电方的智能化，即与太阳能发电和风电联合起来，实现自动化的燃气涡轮发电和生物质能发电。同时，有观点认为有必要对以变压站和分电所等为据点的、并非系统自身单方通过的双向智能化（为进行变电控制的新应用软件开发等）进行大量投资。此外，在使用电力进行冷却的产业冷冻部门的电力消费系统也有智能化的必要。

代表性实例是名为"虚拟发电站"的项目。该项目将自治体和地方的冷冻设施（超市和物流管理系统的据点、仓库等）、中·低电压系统，以及可再生能源发电进行智能化，把软件用于事先模拟地域系统负荷减轻的效果，同时也运用于真实的系统运转过程。冷冻设施中的电力消费量大，因为变更了温度管理程序，可以将短期电力以冷却热的形式进行储存。该实例已在各地开始运行，其性价比很高，今后有计划向全国推广。

在日本，较先引起瞩目的有上文提到的HEMS等运用于建筑单体的、微观层面的智能化项目，而通常应先展开的是从宏观层面、国民经济学视角开始的、性价比较好的项目。为了实现从社会角度用最少的费用产生最大的效果，在讨论后文所述的电力市场完全自由化和发送电分离之前，应该进行此类项目的研讨和实践，在增加系统相关的信息公开的透明性、保障进入系统的权利方面，日本需要比现在更大胆的推进。

4）蓄电

蓄电是目前列出的对策中性价比最不高的，所以放在最后。但随着将来可再生能源发电的增加，其必要性会越来越高，为了以后的低价实用化，现在需要想办法进行技术革新和大量普及的就是蓄电。虽然只有"蓄电"两字，其种类却十分丰富。下面我们依各类特性列举说明。

最简单便宜的蓄电方法，是将电力置换为重力能的扬水发电设施。但在地形高低差较少、雨量也少的德国，建设会给自然环境和人类生活环境带来巨大影响的大型扬水发电站并不是件容易的事情。在有扬水发电可能性的，且对自然环境和人类生活环境负荷较小的地方，德国也有设置扬水发电站的新规划，但学术调查结果显示，即使最大限度地利用这些潜能，也不会有十分大的蓄电量。利用人工水池和湖等开发小型扬水水力发电站等有效地活用潜力是今后的课题。

此外，德国南部的剩余电力储存在国境外的奥地利和瑞士的阿尔卑斯扬水水力发电站。后文也会作详细介绍，现在正在研讨中的是南到阿尔卑斯，北到挪威的扬水水力发电设备的扩张。

继扬水水力发电之后的有效蓄电方法是前文所述的冷冻设施和高温必要设施的智能化，推动将电转为热进行储存的设施的发展。但是从热转化为电是不行的，假想的蓄电方法是当系统电力不足时就不消费电力。

另一种有希望的蓄电技术是将电力转换为压力能源的压缩空气式蓄电方法，被称为"压缩空间能储藏燃气涡轮（CAES-G/T）"，使用剩余电力，通过压缩机往岩盘等气密性高的洞穴里输送空间，提高洞穴里的空气压，需要电力时再使用洞里被压缩的空气转动燃气涡轮进行发电。在德国岩盐和煤炭挖掘后的土地中，有比较多的高气密性空间，这也是一种倍受期待且蓄电潜力很高的技术。此外，和扬水发电站一样，已经有小型的应用案例，性价比也相对较高，期待今后进一步的大型化和建设低价化。但另一方面，与德国今后的可再生能源发电增加量相比较，其短时间内的蓄电量和蓄电时间并不是很大，也有人指出其和扬水水力发电有同样的价值，只是不能成为决定性的一张牌而已。

还可以考虑的是各种电池蓄电。现在虽然依靠技术革命和普及，低价格化已经在进行中，但这种技术价格仍十分昂贵，而且需要使用稀土等资源。不过其今后的发展还是很值得关注，因为不仅能用于家庭或建筑物、产业等消费场所，还能在系统调整场所（变压设施和分电设施等）发挥最好的效果。可以设想，现在将德国超过4000万台的乘用车全部改为电动汽车，然后再智能化后的蓄电量当然是十分可观的，但要在10年内保持系统稳定性并发挥较大作用，的确还是不现实的。

德国在制定2050年可再生能源电力比例大幅度增加的战略时，一个必需的前提，也是有待尽早普及的一项技术是被称为太阳能燃气（solar gas）和风燃气（wind gas）的"Power to Gas"或"P2G"系统。单纯来说，使用剩余电力将水等进行电解，制造出"人工氢燃气"，直接使用（作燃料电池或直接燃烧），也可以与使用生物燃气与天然气的热电联合机排放的二氧化碳，或燃气涡轮发电设施排放的二氧化碳混合在一起，制成和天然气同样品质的"人工甲烷燃气"（Methangas），将其储存在拥有极大容量的天然气基地（岩盐采掘基地等天然气储藏设施或压力加高的管道内）中，与天然气混合起来使用就可作为供热和供电用。

这种方法有几个优点。已经存在有储藏时必要的由燃气转为电力的基地，此外其蓄电潜能很大，规模和前面所记述的蓄电方法是不能比的。此外，脱离核能发电和煤炭火力发电等大型发电设备的过程中需要备用电源，生物燃气的资源是有限的，只要在现存燃料中最可长时间使用的天然气涡轮发电设施中增加投入，就可提高可再生能源的比例。此外，针对一直令人头疼的交通对策问题，尤其是汽车能源多样化领域，这种蓄电方法也有多样而活跃的使用空间（可适用于于电动，氢气动力，燃气动力）。

目前存在的问题是，虽然小型实验和实证设施的建设在发展，但距离大型的实用化还有许多技术开发需要开展,而且实用化的初期一定是耗资不菲。也就是说这种技术并不是马上就可以开展的,而是要守望隔10年、20年才有可能普及。此外,效率层面的问题也有争议,剩余电力-燃气-热电联合发电的情况下,综合预测的热效率是30%~40%,有60%~70%的损耗。然而太阳能燃气的"太阳→太阳能发电→燃气化→发电",与"太阳能→生物质能或化石燃料→发电"相比较,结果却很令人感到意外。生物质能和化石燃料其实是太阳能以1%以下的效率转化的能源燃料,从太阳能转化而来的热效率预计连0.5%都不到。与此相对的,太阳能发电是太阳能以15%~20%的效率产生的电力,将其燃气化后再次发电,可以保持5%~8%的效率。从哲学角度来说,德国若要在未来实现近100%的能源由可再生能源来"持续"提供的话,该项技术确实是大有发展前途的。

若将这些多样的蓄电方法与其他的对策(系统强化,错峰用电,系统负荷管理)一起合并使用的话,社会层面的性价比很高,环境负荷也很小,可以研讨出符合时代需求的最优良的组合方案,将其混合起来实施以达到系统的稳定,而仅凭借一项技术或对策来讨论分散型能源供给是不现实的。

此外德国的这些系统稳定化对策和活动,是因为可再生能源发电的推进对系统稳定性有威胁才开始有社会性,并获得大幅度的推进的。其对策随着可再生能源的推进程度和时间也在发生变化,今后应该也会继续变化下去。日本的经济产业省已经公布了这样的预算"如果推进可再生能源的话就会威胁供给的稳定性,因此需要耗资数兆日元将电池作为蓄电的主要方式"。这确实是个好主意。如本书所记述的,因为将既存的能源供给分散化,可再生能源的推进成了改造产业构造和经济构造、推动社会变革的一项大事业,而不是在固守现存的框架和社会基盘的状态下,只是单纯地增加太阳能发电装置。

可再生能源的双刃剑—以分散型为目标？还是仅专注于可再生？

德国社会因为石油能源价格的高涨、气候保护对策、北海油田的衰退等多种原因，选择采用以可再生能源为主力的能源战略，这10~20年急速地发生了变化。此外，第一章也提到，可再生能源已走上了增长的道路，2050年达到全电力的80%已达成政治上的认同，学术根据也确凿。然而，关于实现这一目标的方法，所有的利益相关者也没有统一的意见。

发展可再生能源，究竟是以分散型地域电力为目标，还是选择社会负担小，效果又最大的方法持续性地获得能源，关于这些问题的讨论还在继续。即使是可再生能源推进派中意见也有分歧，下面介绍德国正在讨论的两个实例。

实例I：北海·巴尔特海岸大规模风力发电

即使是现在，如果在北海·巴尔特海沿岸或海上刮起强风的话，有效利用所有电力也是十分困难的。因为以德国、英国、丹麦为主的国家，如果在一个地区的发电量同时急速地增加了起来，超过欧洲系统网的容量，其强风时间段又发生在休息日和夜间的话，电力的供给和需求就会不平衡。

因此在政治上，各国的合意是环绕北海·巴尔特海沿岸海底一周设置大容量的直流电系统。此外倍受期待的是利用以挪威为中心的北欧峡湾地形，增设价格低廉的扬水式水力发电所，以承担起欧洲北部电池的功能。

确实从长远来看，在风力强劲的地方设置巨大的风力发电设施，为保持其稳定的供给而进行巨大投资，相比组合运用各地分散型的各种发电和稳定化对策，在性价比上也许要更胜一筹。但是无论哪个国家充当电池，也就等于给本国增加环境负担，有必要对一个地方集中发电、蓄电和供电的合理性进行讨论。目前还在讨论是否要放弃可再生能源的重要特征—分散型发电（也可以说是长处的一点）的一部分发电，或者从经济理由考虑，放弃其大部分发电的合理性，也还未有定论。而欧洲中部的瑞士和奥地利，已经凭借阿尔卑斯的地形，承担起了电池的作用。关于今后是否还要继续发展下去的问题，也还未有定论。

实例II：北非・中东的大规模太阳能发电

追求可再生能源的高性价比的大型项目是"DESERTEC构想"（图8）。

该项目主要利用北非和中东地区丰富的日照量，使用太阳能发电设施进行廉价发电。为保持电力供给的稳定，会将高温热储存在盐中，再根据需要使用涡轮来发电。同时建设有围绕地中海，联络起北非、中东和欧洲大陆的大容量直流电力网，不仅在德国，在欧洲、中东、北非等全境均可实现全部可再生能源化。DESERTEC基金已经成立，以世界上最大的慕尼黑再保险和各种能源企业为主体，同时欧洲最大能源公司西门子也准备给予支援，正在进行有计划的准备工作。

从纯粹的全球变暖对策，应对化石燃料枯竭和高涨，或脱离核电的角度来看，这是一项美国前副总统科尔也表示主张积极推进的项目。但是对于追求分散化和地域经济活性化等目标的团体来说，则是反对该项目的。于是形成了一种"地域VS全球"的构图，因为这个计划很明显已超越了欧洲共同体的架构。

本书的目的并不是讨论这种"地域VS全球"构图的对错，而是想展示可再生能源领域存在着多样化的对立关系：小到如超大型太阳能VS住宅屋顶太阳能，或者说与风车相连的风力发电机VS地域景观保护和防止噪声公害等，大到全球VS地域、NIBY（Not in my back yard：不要在我的后院）等。

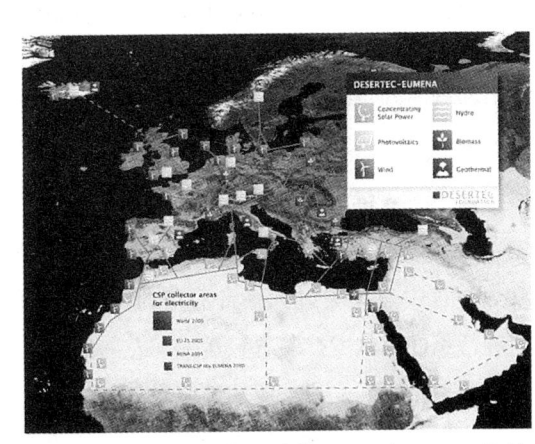

图8: DESERTEC构想的简图（出处：www.desertec.org/de/）

地域暖气等热领域的技术动向

在欧洲使用可再生能源时，紧接着电力领域推进的就是热利用领域。这里所指的热利用，主要是指针对阿尔卑斯以北的寒冷地区所需要提供全方位供暖和热水。但是，由于近年来全球变暖和热岛效应，制冷空调的能源需要量也在增加，冷热源都使用可再生能源的实例也很多。我们也会附带在热领域整理一下这方面的内容。

地域暖气

在可再生能源的供热案例中，可在每栋建筑单体或独立住宅、单个家庭内设置的是太阳能热水器、烧木质颗粒的锅炉、烧木薪的暖炉或锅炉，以及烧植物油的锅炉等。这些方法还不能被称为完全的可再生能源，此外还有使用地热或空气热，或地下冷却热的热泵和带热交换器的换气装置等方法的。这些针对单体的方法，我们在前面介绍的德国新建建筑时必须要执行的《可再生能源热部门推进法》中也有介绍。

然而，在大规模进行可再生能源的供热时，这些针对单体的方法就开始有局限了。因此多数的自治体设置的是名为"地域暖气"的基础设施。

单纯地来说地域暖气，不是指每户的锅炉式供暖和热水，而是指自治体或能源事业者将大、中或小型发热装置集中设置在一个地方，然后以蒸汽或温水的形式给各户配送热能。各户和各栋建筑地下埋设有经过隔热处理的配管，通过热交换器传递热量，供各户和各栋建筑使用。其中的热交换器部分，设有像上水流量测量计一样的测定热消费量的装置，每月用户要向供热者支付基本费用和消费热量费用。

很久以前的地域暖气供热，是以热蒸汽的形式展开的。然而因为在输热过程中热损失过大，且消费的发热能源量大，近年来已十分少见。比较常见的是从发热装置输送90℃左右的热水，经消费者消费热量后，以50～60℃循环回发热装置的地域暖气。然而最近新建的建筑气密性和隔热性能好，也普及了地暖等地低温加热建筑的技术，新兴居住区规划和新建办公楼基本采用的是用60℃左右的热水循环回流成35℃左右温水的低温型地域暖气技术。这种暖气虽然对发热装置的负荷低、热损失少、效率也高，但因为没有事先设计好，故不能用于已建成建筑的供热。

再来说说使用地域暖气的优点。因为能大规模地使用木质生物质能，很多情况下其性价别比个别采暖要高很多。此外，即使是使用燃烧天然气的锅炉，相比每户去设置锅炉，更容易采用高效率的机器。而且在产生热水的同时还可用于发电的热电联产也十分有吸引力。从建筑物角度来说，相比各家设置发热装置、支付电费和燃气费等，使用高效率地域暖气设施供热的价格通常会更便宜。

地域暖气的设计和运用，需要非常高的技术和能力。和以前相比，或者说和现在中国等地使用的传统蒸汽锅炉供热方式相比，效率得到了极大的提高，有了飞跃性的发展。

地域性制冷，使用可再生能源的冷却

近年来，寒冷的德国，夏天白天温度超过35℃，变得闷热已经不再稀奇。在德国，乃至欧洲所有国家，非住宅用建筑中制冷用空调的设置比例在急剧上升。此外，阿尔卑斯以南的欧洲，家用空调的普及也很明显。利用地下冷热这一可再生能源的冷气系统以及直接使用太阳能制冷的太阳能空调等的开发有很大的上升空间。

在地热利用领域较多的是夏天给建筑物进行机器换气时，不是直接吸收外部空气，而是先经过埋在地下数米深处的管道，冷却之后再进入机器等较为独特的系统。

此外在地下水资源丰富的地区，会将地下水抽到建筑物的上流一侧，让这些水在建筑内部循环冷却房间，循环后被房间加热的地下水再流回至建筑下部。当然在使用地下水的时候通常要进行评估，获得许可后才能使用。

此外还有不以建筑为单位，而以住宅区和商业街区为单位展开的实例。例如，在地下水资源丰富的德国慕尼黑市开设地铁时，会在通地铁部分的混凝土箱截流的地下水部位，设置装置将地下水抽到混凝土箱上部，

经循环后再流回箱下。也就是说，这套将地下水用于制冷再循环回流的系统，在建造地铁的时代就有了。这种循环系统进一步形成制冷用的地域空调网络，在公共建筑和商业建筑中有设置管控庞大冷却地热的控制室，将冷却地热进行分类，由此"地域性制冷"也得以实现。尽管这些技术进步才刚刚开始，但却是在城市地区发展可再生能源时应该考虑的技术。

（村上敦）

注释：

1．"Regionale Energie-und Klimaschutzkonzepte als Instrument für Energiewende"，Stefan Schärfer/Lioba Kucharczak，deENet.

2．2012年预告的节能政令修订中变为了3.5升建筑，到2020年为1升建筑，比1.5升的被动式建筑还要严格。此外欧盟制定了政令，即2021年以后的各加盟国新建建筑，必须是近零能源的建筑，因此欧盟各国也在准备制订规定在2020年前要把建筑物内必要的全部能源，基本转换为使用可再生能源。

3．热电联合法中规定，因为天然气，也就是化石燃料的购买价格是变动的，把电力市场的平均收购价格附加上因设备大小不同而价格不同的额外费用之后的价格定为"指定价格"。这种附加额外费用的购买制度被称为"field in premium"。

专栏1　　　　　　　　　　　　　　　　　　　Plus-Energy Buliding

能源生产量超过消费量的正能源建筑

以"正能源建筑"而闻名的生态建筑有德国的Juwi Holding AG的总部大楼（沃尔施塔特市），我们有幸访问了这栋建筑（参见本章第2节）。

这栋建筑竣工于2008~2010年，设计供700人使用，除建筑消费能源以外，还要使用太阳能板来进行能源生产。南向配置的两栋建筑的地上部分是3层的木结构。自然光可大量进入办公楼内，厚重的云杉集成材结构和白色的墙壁，让人想起日本的古民居。因对健康和环境无害的自然建材和高效的换气设备，室内的空气十分新鲜。外观是纯净的落叶松木材和大型的玻璃窗，其与太阳能板素材结合在一起十分漂亮。

建筑的能源理念是"将能源消费减少到最低，使用可再生能源"。在建筑水平和地域水平上，其能源自立的基本理念是一致的。

具体来说，含有大量隔热材料的、厚度近40cm的外墙和隔热三层窗，可以避免冬天室内的热损失和夏天热气的进入。南向窗的外侧是自动控制的遮阳幕布，可以遮挡夏天和中间季节的日照进入。室内依靠换气设备提供新鲜空气。冬天利用排气热来给空气增温，其热回收率达到92%。采暖设备采用的是使用低温水的地暖系统。需要制冷时也会使用该地暖的

Juwi公司大楼南侧外观。表面建材的一部分由太阳能光电板组成。遮阳板开启中（摄影：Fritz Wassmann）

第七章　能源自立的必要框架　　231

管道,将地下水箱储藏的消防用水来循环使用,是一套十分有意思的系统。消防用水夜间在屋顶上被自然冷却,早上再回到地下水箱中。室内照明则通过感应器测得自然光量,自动调整为工作所需的光量。该功能使得照明能耗比原来减少了7成。此外,电器和烹饪机械选用的都是能源效率最高的产品。

在确保高舒适性的同时,Juwi公司的办公楼将热、电力和能源需要降到了最低。暖气能源需要量为每年10kWh/m^2,冷气是1kWh,是超越被动式房屋的标准的好性能。加上换气、照明、热水等总能耗量,只有德国最严格的节能政令的四分之一。

这个消费量使用可再生能源的情况是这样的。暖气和热水用的热能是由被称为"能源小屋"的小型木造集装箱生产的,其内部设置25m^{2}太阳能热水器和木屑颗粒锅炉。建筑物的外墙和遮阳、屋顶车棚上设置的3400m^2(347kW)的太阳能板每年可生产340MWh的电力。地下还有电池房,停电的时候可自动供电。此外采用的是可将太阳能发电从系统分离出来使用的系统。

这栋采用了各种环境措施的办公楼,给人留下的最深印象是为员工服务周到的工作环境。重视"工作·生活·平衡"的Juwi公司,在其办公楼东侧还运营有可容纳60个孩子的幼儿园,为在这里工作的父母免除了后顾之忧。办公楼的西侧是冥想和祈祷用建筑,每周可与牧师交谈一次,让员工能够经常找回工作和生活的精神原点。

(滝川薫)

收集热量的能源小屋。利用太阳能热水器(摄影:Fritz Wassmann)

自行开发的太阳能车棚(摄影:Fritz Wassmann)

Juwi公司主页:www.juwi.de

专栏2　　　　　　　　　　　　　Liberalization of the electricity market

电力市场的自由化和发、送、售电事业的分离

电力市场的自由化是欧盟1996发布的政令规定的。到1998年，以履行欧盟政令的形式，德国完成了将电力市场完全自由化的国内法律的制定。自然发生的以垄断形式存在的电力市场得以完全解放，同时由于能源相关法案的大修改，管理系统的送电事业、发电事业和售电事业在会计上完全被区分开来。自由化给予任何人参与电力事业的机会。无论市民还是企业，不管何种消费者，都可以在众多的电力事业者中进行自由选择。

德国在自由化之前，是由经营中、低压电力系统的事业者在垄断各地的电业，其形态是自治体公社或第三方机构、州公社或第三方机构，以民间事业者的形式组成数百家不同规模的公司。这些电力事业者接受了自由化，参与到了电力的市场竞争中。自由化后，大企业马上发动了低价售电的顾客争夺战。各地的一些没有大规模发电所，仅靠从大公司购买电力零售的能源公社和第三方机构等，逐渐在价格战中力不从心，开始与周边的公社合并，吸收更大的资本。此外，有的自治体会放弃自己运营电力事业，将其委托给大公司。

不仅限于小规模的事业者，也不仅限于国内，这种变化波及欧洲全境，电力的大企业之间，也开始了超越国境的合并和吸收，开始了多国籍的企业化。德国在经历自由化数年之后，电力大企业中的4个公司，垄断了德国全境过半的中、低压电力系统网，独占了所有的高压电力系统。原本自由化的目标是促进自由竞争，促进电价的下降，然而过快的自由化造成的结果是电力事业者数量的减少，大企业比自由化前更加强势地垄断了系统。之后电价进一步上涨，每次涨价的时候都需要公正交易委员会的指导介入。

当然，作为消费者的市民和企业，开始拥有完全自由的自己选择购买电力的权利。理论上虽然企业数减少了，也还是进行的自由竞争。但依靠自己的意志来变更电力提供方的消费者数，在自由化开始后的数年间，一直都未超过国民总数的1%。

即便如此，也不能否认自由化的作用。过了一段时间后，出现了只贩卖当地生产的分散型电力和可再生能

第七章　能源自立的必要框架　　233

源电力的事业者,混合多种电力类型的"菜单"浮出水面。只要市民和企业可以自由地选择电源种类和发电场所。而且,当某个电力事业者出问题时,其责任会反馈于市场,即丧失顾客。市民的监督视线也紧盯着电力事业者。之后随着时间的推移,消费者和电力事业者会逐渐习惯自由选择,同时在因为世界能源价格上涨而造成各公司提供的电价产生差异时,现在市民和中小企业中的5%、大企业中的10%会根据自己的意志来更换电力提供方。最近德国的新趋势是,自治体从大企业中购回电力系统,新开设市营的能源公社成为新潮流。

德国的电力市场自由化和发、送、售电事业在分离时,真实地进行了系统使用状况的信息公开,在"德意志联邦系统机关"的严密监视下,进行系统使用价格的调适,以及保证系统使用的连续性的工作。弗劳恩霍夫(Fraunhofer)研究所的某专家介绍的宝贵经验是,"虽然德国的电力自由化因为速度太快而失败了,但德意志联邦系统机关的监视体制建构和信息公开是成功的"。比起"是自由化还是不自由化"、"发、送、售电事业是分离还是不分离",更重要的是"监视"和"信息公开"。

随着电力市场的自由化,规模变大,规则也发生变化的是电力交易市场。德国开设了EEX(莱比锡Leipzig·欧洲能源交易市场),电力、煤炭、天然气、二氧化碳的排放权都可在市场上交易。EEX针对电力的基础交易、焦点市场、期货交易等各种条件及商品,如同股票一样有时间性且根据供需关系来决定价格。EEX是欧洲最大的能源交易市场,仅电力部门就有来自欧洲19个国家的200多家企业参加,所交易的电力量规模达到了德国国内年消费量的两倍以上。

欧洲的高压电力系统是跨国境连接的。各国管理高压系统的40家以上的事业者,建立了"ENTSO-E"联盟,进行跨国界的电力调整。德国虽然每年都是电力输出国,但在ENTSO-E加盟国间,都是单纯依靠市场原理进出电力,电力的输入和输出并不意味着自己国家的电力不足或供给稳定受到威胁。考察可再生能源推进过程中的电力供给稳定状况时,也不仅是根据一个国家的状况来判断,也要考虑到如今欧洲的跨国境制度。

(村上敦)

结语

　　40多年前，少数环保先锋们在水面上抛下颗颗小石块，石块落到水面漾出圈圈小小的波纹。他们锲而不舍地扔下石块，不懈地行动，怀着强烈的信念诉说着可再生能源的未来。很多的小波纹随着时间的推移渐渐扩散，发生相乘效应而增强了能量。随着技术的进步，成长为了大浪，影响了政治，改变了制度。在新制度中，波浪的力量和气势进一步增幅，技术得到了进一步发展。1986年的切尔诺贝利核电站事故、1992年的里昂联合国环境会议、1997年的京都协定等世界性事故和会议，也加速了欧洲可再生能源的波浪。2011年3月11日的福岛第一核电站事故，给欧洲带来了很大冲击，直到现在，其影响还在持续。

　　地方的先锋们在很长时间内受到的是来自周围人群的诸如"非现实的梦想家"、"极端的理想主义者"之类的非难和中伤。随着时间的推移，他们的实践和经验得到了积累。一开始比较模糊的"乌托邦"变为了具体而明确的蓝图。如今已没有人用"乌托邦"来形容他们的努力了。曾经的梦话故事也已成为现实。如本书所介绍的，小自治体中已经有了100%依靠可再生能源实现能源自立的地区。数年间，挑战能源自立的自治体和地域急速增长，个体化的自立单位面积也在不断扩大。

　　以地域分散型为前提的可再生能源的能源生产事业，促进了地域资本的投入。地方住民和地方企业，以及自治体变成了投资家或经营者，收获了利益。此外，还使本地产生了工程师、规划师、施工者等新的就业。就业人数在这数年间急速增长。在德国，可再生能源领域的就业，如果按每1kWh来比较的话，是核电领域的近10倍。总就业人数已经要超过40万，不仅从地域经济观点来看，从国民经济学角度也作为重要产业领域进入了急速成长。因为能源生产的分散，经济活动和财富也得以分散，地域人民整体变得富裕起来。

　　以学者身份积极投身于奥地利过萧条地区的振兴，产生巨大影响而被誉为未来学者的汉斯·米雷多尔法教授如是说。

"地方的人们并不是昨日的落后生，而是明天的优等生。工业化社会的未来由农村地区来决定。"

给城市地区提供水、粮食和能源的是农村。拥有美丽自然的农村地区，也是城市人群重要的疗养地。农村是国家的根基和生命网，也是很多人心之归宿。欧洲农村和日本比较类似，存在着萧条、高龄化、农林业衰退、生活基盘质量低下等问题。现在，农林业和观光业，以及地方传统产业领域采取了各种各样的措施，很多地方和农村得到了复兴，在这里可再生能源成了地方社会进一步发展的重要"道具"，开始有了十分重要的意义。实现可再生能源自立也成为地方主要的目标。此外，在聚集了世界半数以上人口的城市地区，能源自给的推进也成了重大的课题，本书也介绍了一些能源需要量越大的地区，效果越是明显的先进实例。

关于转移到分散型可再生能源主体的能源供给系统，有几个比较大的课题。本书介绍的代表性课题有与分散型生产和供给相契合的电力系统的强化与扩张、电力供需的智能化、蓄电技术的开发和导入。此外，向可再生能源的转移也需要大的社会变革。这些课题的解决以及结构的改变，还需数十年的漫长过程。

现在我们在政治、行政、经济和学术上的所有领域，采取的还是追求短期成果的举措，也会出现很难长久进行的事业。为了短期内能出结果，人们首先的思考倾向是在现有的框架中能做点什么。

而另一方面，为了实现州或国家水平的以可再生能源为主体的能源供给，必须要变革现有的框架。这也是在现代社会的框架中十分困难的事情。尽管如此，以本书所介绍的欧洲国家和地域为中心，历史性的变革已经在发生。这些变革的原动力是什么？是"依靠可再生能源实现地域的富裕、和国家的富裕"，让更多人生活得幸福的美好愿景。而构筑这一美好愿景，并强烈而鲜明表现出来的是活跃在地方现场的有勇气的先驱者、实践家、政治家、企业家、市民们。他们将小小的点活动连成线，再扩展到面，形成社会性潮流，然后影响国家和欧盟采取行动。

本书是五位生活在欧洲的日本记者，受到福岛核电站事件的深刻冲击，怀着为祖国送去新的梦想和愿景的愿望而写。这里描写的梦想和愿景，也需要伴随社会的变革，要完成它不是件容易的事情。然而，这些愿景能让民众安居乐业、展现出地域魅力，只要努力是很有可能实现的。笔者只是想为认真思考日本未来并付诸行动的人们，送去来自欧洲的声声支援。

　最后，向为本书写了极佳评语的音乐家坂本龙一先生、负责繁琐协调工作的宫本裕美编辑，为本书设计倾尽心血的设计师吉村雄大先生，和接受我们采访或协助过我们工作的国际友人表示衷心的感谢。

2012年1月 执笔者代表 池田宪昭

译后记

初识滝川薫老师是在千叶大学松户校园的课堂上,她的丈夫Fritz先生讲授的正是"欧洲能源自立地域"主题。Fritz先生是个可爱的老先生,记得他开口的第一句话是要同学们打开窗户,做深呼吸,然后左三圈右三圈,带着大家集体跳起了健康操,之后聊起了新鲜空气和户外生活的重要性,还有众多欧洲能源自立小城镇的故事。那堂课后的我,脑海中如流淌过一股清泉,也急切渴望知道这股清泉究竟从何而来,如何潺潺不息,流到自己的祖国。

2011年去欧洲开会,很荣幸约到了滝川薫和Fritz夫妇作瑞士游学的向导,参观了沙夫豪森环境局,更被当地更新规划前那厚厚一摞的能源和排碳量计算文本深深震撼。从能源自立角度来考虑城乡规划,真的是一项极具革命性的主题,欧洲人的确已经推开了一扇崭新之门!

尤其在2011年3·11福岛大地震后,旅欧的日本知识分子加快了对日输送能源自立知识的步伐,掀起了日本民间和学界研讨城市能源问题的高潮,滝川薫等就是其中活跃在最前沿的一批,她(他)们在博客上更新欧洲能源自立的最新技术信息,进行实地采访,组织团体考察,志愿科普宣讲等等,本书就是一本全面而通俗的实例集,娓娓道出欧洲诸多能源自立地域的来龙去脉,酸甜苦辣。译完之后笔者也更坚定地认为,这本书所提出的"能源自立"主题,不仅对于2011年福岛大地震以后的日本城市,也是对于正在经历工业文明时代所带来的环境和能耗瓶颈的中国必须了解和正视的重大问题。

最后感谢柳肃教授为本书作序,以及徐峰、焦胜老师对本书的建议,恩师胡惠琴教授一如既往的关怀与指导,还有中国建筑工业出版社的刘文昕、孙书妍编辑认真严格的语言校审。此外,本院研究生郭梦婕、郭谌达、杨娜、陈金云、肖龙瀛也热心参与了部分校对工作,一并表示感谢。本书也受到了国家"十二五"科技支撑计划重大项目课题"长株潭两型

图为主要作者滝川薫（前右）和译者沈瑶（前中）、王倩娜（前左）与瑞士沙夫豪森市环境局城市规划部门负责人合影

社会农村社区建设技术集成与示范"（2013BAJ10B14）课题组的关注与支持，希望其能抛砖引玉，引起中国学界对能源自立问题的关注，为城乡规划学等领域研究扩大思路。

沈瑶

2013年11月于湖南大学建筑学院